Petra Wimmer (Hrsg.)

Wissen schafft Neues

Beiträge zu den
Kremser Wissensmanagement-Tagen 2016

Edition Donau-Universität Krems, 2016

Herausgeber: Edition Donau-Universität Krems

Donau-Universität Krems, 2016
Dr.-Karl-Dorrek-Straße 30
A-3500 Krems
www.donau-uni.ac.at

ISBN: 978-3-903150-08-9

Umschlaggestaltung: Florian Halm

Die Inhalte sind lizensiert unter einer Creative Commons-Lizenz:
Namensnennung-NichtKommerziell-KeineBearbeitung 3.0 Österreich
http://creativecommons.org/licenses/by-nc-nd/3.0/at/

Inhaltsverzeichnis

Petra Wimmer:
Vorwort der Herausgeberin 3

Oliver Lehnert:
Vorwort des Mitveranstalters 7

Pia Burchhart:
Wissen verteilen durch Einführung eines Competence Centers 9

Robert Gutounig, Eva Goldgruber, Sebastian Dennerlein, Stefan Schweiger:
Mehr als ein Kommunikationstool. Wissensmanagement-Potenziale von
Social Software am Beispiel von Slack 17

Werner Herzog:
Das Wissen von heute auch morgen noch nutzen 29

Daniel Juling:
Nichtwissen kontrolliert nutzen 37

Alina Judith Klug:
Wissenstransfer als Prozess
Strukturiert – Moderiert – Kontrolliert 63

Gerd Kosar, Hubert Biedermann:
Wissen intern vernetzen
Wissensmanagement als funktionsübergreifendes Führungsinstrument an
Forschungsinstitutionen 71

Benedikt Lutz:
Von mutigen Innovatoren und braven Optimierern 79

Isabella Mader, Anabela Horta:
wien.mags.wissen. Wie Wissensmanagement vom Projekt in die Linie
kommt. Erfahrungen und Empfehlungen 91

Gerald Martinetz:
Wissensmanagement 4.0 99

Astrid Menzl:
Erfolgreich durch Design Thinking – Entwicklung von verbraucher-
orientierten und innovativen Lösungen im digitalen Zeitalter 105

Angelika Mittelmann:
Wissensmanagement und Change Management – ein siamesisches Zwillingspaar 115

Klaus North:
Was Wissens- und Innovationsmanagement verbindet und trennt 127

Stefan Oppl:
Arbeitsprozesse artikulieren – auf dem Weg zu einem gemeinsamen Verständnis 137

Werner Schachner:
Enterprise Search: Zentrales Element im ISO 9001-gerechten Umgang mit dem Wissen der Organisation 147

Karin Sommer:
Die Absorptionsfähigkeit von Technologie-Start-ups 153

Über die Autoren 163

Vorwort der Herausgeberin

„Wissen schafft Neues" – so lautete das Leitthema der Wissensmanagement-Tage 2016. Diese Aussage „Wissen schafft Neues" kann und sollte auch hinterfragt werden. Schafft Wissen wirklich immer Neues? Denn: Nicht notwendigerweise werden beim Wissensaustausch neue Ideen und damit in weiterer Folge auch Innovationen generiert. Vielmehr kann auch der unerwünschte Effekt eintreten, dass das bestehende Wissen gleichsam einzementiert wird und damit Innovationen blockiert werden.

Sokrates war ein Meister des Wissensaustauschs und der gemeinsamen Wissensentwicklung. Mit seiner Kunst, Fragen zu stellen, kam er gemeinsam mit seinen SchülerInnen zu neuen Ansätzen, Ideen, Perspektiven etc. Mit anderen Worten könnte man ihn auch als einen Vorreiter von Co-Creation bezeichnen. Für die Wissens- und Ideenentwicklung setzte er eine ganz einfache Methode ein: Fragen stellen bei gleichzeitigem Herumgehen. Dies tat er auf dem belebten Marktplatz von Athen, wo er mit seinen Schülern in den Säulenhallen herumwandelte. Xenophon schreibt: „Am frühen Morgen ging er nämlich nach den Säulenhallen und Turnschulen, und wenn der Markt sich füllte, war er dort zu sehen, und auch den Rest des Tages war er immer dort, wo er mit den meisten Menschen zusammen sein konnte."[1]

Die Gesprächsführung von Sokrates zeichnete sich dadurch aus, dass er seine Fragen an die Gesprächspartner aus der Position eines Unwissenden stellte. Mit dieser vordergründig naiven, jedoch in Wirklichkeit schlauen Fragetechnik schaffte er es, das unbewusste oder „vorbewusste", dh implizite Wissen seiner Gesprächspartner an die Oberfläche zu bringen. Dieses nunmehr explizierte Wissen lieferte nun einen Beitrag dazu, dass Neues diskursiv miteinander entwickelt werden konnte.[2] Das dabei praktizierte Herumgehen erscheint auf den ersten Blick möglicherweise bedeutungslos. Bei näherer Betrachtung zeigt sich jedoch schnell, dass durch Bewegung bzw. Standortveränderung auch ein Perspektivenwechsel stattfindet, der das Generieren neuer Erkenntnisse unterstützen kann.

---

[1] Xenophon, Memorabilia I,1,10, zitiert nach Eva-Maria Kaufmann: Sokrates, München 2000, S. 37.

[2] Die sokratische Gesprächsführungsmethode, die allerdings nicht historisch gesichert ist, wird oftmals als Mäeutik bezeichnet. Das Wort „Mäeutik" stammt aus dem Griechischen und bedeutet Hebammenkunst, Gemeint ist, dass man einer Person zu einer Erkenntnis verhilft, indem man sie durch geeignete Fragen dazu veranlasst, den betreffenden Sachverhalt selbst herauszufinden.

Viele Methoden im Wissensmanagement, insbesondere Kreativitätstechniken, nutzen ganz bewusst Gruppensettings in Kombination mit intelligenten Fragestellungen, die Zugänge zu unbewussten Wissensbeständen, aber auch Perspektivenwechsel ermöglichen. Dabei kommen in unserem Zeitalter der Digitalisierung und Globalisierung längst nicht mehr nur Face-to-face-Austausch und analoge Mittel zum Einsatz. Vielmehr wird der Wissens- und Ideengenerierungsprozess durch digitale Medien und Social Media bereichert und ergänzt. Wie das konkret in den Unternehmen passiert bzw. welche Einsatzmöglichkeiten es gibt, spiegeln die Beiträge des vorliegenden Sammelbandes. Geboten wird ein Streifzug durch unterschiedlichste Branchen und Unternehmensarten, berücksichtigt ist aber auch die öffentliche Verwaltung. Die Bandbreite reicht von der Darstellung von „reinen" Praxisbeispielen bis hin zu theoriebasierten Beiträgen, die Implikationen für die Unternehmenspraxis diskutieren. An dieser Stelle möchte ich mich sehr herzlich bei allen AutorInnen bedanken, die die Mühe auf sich genommen haben, ihr wertvolles Wissen und ihre wertvollen Erfahrungen zu verschriftlichen, damit auch andere daran teilhaben können. Gerade WissensmanagerInnen ist ja bestens bekannt, wie aufwändig, aber auch komplex der Prozess der Explizierung von Wissen ist.

Mit dem vorliegenden Sammelband feiern wir ein kleines Jubiläum, zumal es unser fünfter ist. Aus diesem Grund geben wir uns bei der Herausgabe noch mehr Mühe, indem wir ihn diesmal nicht nur als Taschenbuch, sondern auch als ebook auflegen. Damit ist er über den online-Buchhandel, aber auch im stationären Buchhandel zu erwerben. Zusätzlich gibt es nach wie vor die Möglichkeit des kostenfreien downloads (download-Möglichkeiten für sämtliche WIMA-Sammelbände finden Sie unter dem link www.wima-krems.at/sammelband.html).

Die Themenstellungen für viele, viele weitere Wissensmanagement-Tage Krems und damit für viele weitere Sammelbände gehen uns bestimmt nicht aus. Sie werden nicht zuletzt innerhalb unserer akademischen Studienangebote, gemeinsam mit unseren Studierenden und Vortragenden an der Donau-Universität Krems entwickelt. Unsere Studiengänge decken unterschiedlichste Managementdisziplinen rund um Professional Communication, Performance Excellence und Change & Innovation ab. Durch unser baukastenartiges Modul-Wahlsystem ist es möglich, Studienschwerpunkte interdisziplinär bzw. transdisziplinär zu beleuchten. Unser pädagogisch didaktisches Konzept zeichnet sich dadurch aus, dass die Studierenden Fragestellungen aus ihrer beruflichen Praxis in den Unterricht einbringen und gemeinsam mit den Vortragenden Lösungen diskursiv erarbeiten. Damit inspirieren uns unsere Studierenden auch immer wieder, aktuelle, praxisrelevante Themen aufzugreifen und ua im Rahmen von Veranstaltungen, Konferenzen, Barcamps etc. zu bearbeiten. Wie sich zeigt, sind insbesondere Studiengänge im Bereich Wissen- und Kommunikationsmanagement zentrale Themenlieferanten, zumal hier ganz besonders tiefgreifende Veränderungen unsere Arbeitswelten prägen.

Wie dieser kurze Ausflug an die Donau-Universität Krems zeigt, halten wir es ein bisschen mit Sokrates, der ja auch gemeinsam mit seinen SchülerInnen aus einer unvoreingenommenen, gleichsam naiv-fragenden Position heraus verborgenes Wissens ans Licht brachte, den Wissensaustausch förderte und durch neue Blickwinkel Neues schuf. Damit ist der Bogen zu den einleitenden Ausführungen geschlossen und mir bleibt abschließend die schöne Aufgabe, mich bei allen jenen zu bedanken, die unsere Wissensmanagement-Tage in Krems zu einem Erfolg gemacht haben. Mein besonderer DANK gilt unserem Mit-Veranstalter Oliver Lehnert (magazin wissensmanagement), weiters den Vortragenden und den TeilnehmerInnen an den Wissensmanagement-Tagen sowie dem Organisationsteam, kompetent geleitet von unserer Eventmanagerin und Marketing-Spezialistin Christine Perkonigg.

Petra Wimmer   Krems, im Februar 2017

Vorwort des Mitveranstalters

Wissen hat sich zum wertvollsten Rohstoff unseres noch jungen Jahrhunderts entwickelt – und das, obwohl dessen Halbwertzeit immer kürzer wird. Die Frage lautet folglich: Was fangen wir mit unserem persönlichen und dem Unternehmenswissen an? Wie und wohin entwickeln wir es? Im Zuge der Digitalisierung und der abnehmenden Produktlebenszyklen sollte Wissen die Grundlage für Neues sein – neue Prozesse, neue Technologien, neue Geschäftsmodelle, neue Waren, neue Konzepte und neue Ansätze. Innovationen also.

Aber Innovationen haben es – nach wie vor – schwer. Trotz zahlreicher kreativer Geister ist der Veränderungswille vielerorts noch zu gering, um wirklich bahnbrechende Ideen zu realisieren. Gerade bei der derzeitigen Wirtschaftslage sehen Unternehmen wenig Grund, ihr gut laufendes Geschäft durch vermeintlich überflüssige Neuerungen aus dem Tritt zu bringen. Doch genau das ist zu kurzfristig gedacht und führt mittelfristig zu einer abnehmenden Erfolgskurve. Auch die Innovationsexperten Thomas Stern und Helmut Jaberg weisen darauf hin: „Kümmern Sie sich in guten Zeiten um Innovation, dann bleiben Ihnen schlechte Zeiten erspart."

Gute Ideen sollten sich also durchsetzen – auch entgegen vieler Zweifler und Veränderungsunwilligen. Wie heißt es so schön: „Geht nicht, gibt's nicht." Oder um es mit Roman Herzog zu sagen: „Auf eine Erfindung in Europa kommen 100 Fachleute, die davor warnen. Wenn wir immer auf sie gehört hätten, säßen wir immer noch hungrig in einer dunklen Höhle." Unser Wissen muss uns folglich dazu dienen, neue Wege zu beschreiten. Diese dürfen auch ruhig einmal unbequem sein. Denn, so Einstein: „Was vorstellbar ist, ist auch machbar." Auch der bekannte Autor und Mit-Initiator des US-amerikanisches Gründerzentrums Y Combinator, Paul Graham, empfiehlt: „Lebe in der Zukunft und baue dann das, was fehlt."

Übrigens: Die Skepsis gegenüber Neuem ist keine Erscheinung unserer Generation. Schon Henry Ford stellte fest: „Wenn ich die Leute gefragt hätte, was sie brauchen, hätten sie geantwortet: ‚Bessere Pferde'." Apropos Autobau: Wie schwierig der Weg zu einer wirklichen Innovation ist – und wie groß die Vorurteile, das belegt die Reaktion von Kaiser Wilhelm II auf die Erfindung des Autos: „Solange ich ein warmes Pferd habe, besteige ich einen derartigen Stinkkarren nicht." Es dauerte allerdings keine zwölf Monate, bis der Kaiser bereits drei Autos sein Eigen nannte und nicht mehr darauf verzichten wollte.

Die Arbeit an Innovationen muss folglich einige Hürden meistern. Die Idee zu etwas Neuem ist nur der Ausgangspunkt. Anschließend gilt es, sein Wissen einzusetzen, anzuwenden und auszubauen. Der Weg zum Erfolg verläuft dabei nur selten linear. Oder – um noch einmal Henry Ford zu bemühen: „Wenn Sie erfolgreich werden wollen, müssen Sie Ihre Fehlerrate verdoppeln!" Was das in der Praxis bedeuten kann, hat Thomas Alva Edison bei der mühevollen Entwicklung seines Leuchtkörpers auf den Punkt gebracht: „Ich bin nicht gescheitert. Ich kenne jetzt 1.000 Wege, wie man keine Glühbirne baut." Fehler gehören zum Leben dazu, im Innovationsmanagement spielen sie eine besondere Rolle. „Wer arbeitet, macht Fehler. Wer viel arbeitet, macht mehr Fehler. Nur wer die Hände in den Schoß legt, macht gar keine Fehler", wusste Friedrich Alfred Krupp schon im 19. Jahrhundert.

Und damit sind wir beim Wissensmanagement: Innovationen werden nämlich nur dann möglich, wenn Kreativität und Ideen auf fruchtbaren Boden stoßen – also auf eine wissensfördernde Unternehmenskultur. Dazu gehört unter anderem, dass die Mitarbeiter ausreichend Gelegenheit haben, um unabhängig von ihrem Alltagsgeschäft Neues, auch Abwegiges zu denken und auszuprobieren. Das kann gelingen, aber ebenso gut scheitern. Einen Versuch ist es allemal wert. Denn, so der Nobelpreisträger Albert Szent-Györgyi: „Innovation heißt, zu sehen, was alle anderen sehen, aber zu denken, was noch keiner gedacht hat." Oder – um es mit dem Ökonom John Maynard Keynes zu sagen: „Die Schwierigkeit liegt nicht so sehr darin, neue Ideen zu entwickeln, sondern sich von alten Ideen zu befreien."

Neue Impulse in diese Richtung sollten auch die 5. Wissensmanagement-Tage in Krems geben. Unter dem Motto „Wissen schafft Neues" zeigten sie, wie namhafte Unternehmen sich der Herausforderung annehmen, ausgetretene Pfade verlassen und ihr Geschäftsmodell von innen heraus innovieren. Damit schaffen sie die Voraussetzungen, um schnell auf immer wechselnde Marktbedingungen zu reagieren. Wie wichtig das ist, umschreibt der Medienmogul Keith Rupert Murdoch mit den Worten: „Die Welt ändert sich sehr schnell. Es werden nicht mehr die Großen die Kleinen schlagen, sondern die Schnellen die Langsamen." Wissensmanagement kann helfen, sich in diesem immer härter werdenden Wettbewerb zu behaupten und die Nase vorn zu behalten.

Ich bedanke mich an dieser Stelle ganz herzlich bei allen Teilnehmern und Referenten der 5. Wissensmanagement-Tage in Krems. Mein besonderer Dank gilt auch den Sponsoren, namentlich HC Solutuions GesmbH, interface projects GmbH, Meusburger GmbH & Co. KG, Mindbreeze GmbH, BIWH UG, IT-design GmbH, free-com Solutions GmbH, ConSense GmbH, PDA Group GmbH, dem Drucksorten-Sponsor Queiser GmbH sowie dem Kompetenzpartner Steinbeis-Beratungszentrum Wissensmanagement, mit deren Unterstützung die Durchführung des Kongresses überhaupt erst möglich gewesen ist. Und ich freue mich schon jetzt darauf, bei den 6. Kremser Wissensmanagement-Tagen am 25. & 26. April 2017 wieder viele bekannte und neue Gesichter an der Donau-Universität begrüßen zu dürfen.

Oliver Lehnert   Im Februar 2017

Wissen verteilen durch Einführung eines Competence Centers

Pia Burchhart

Austrian Power Grid AG

Pia.burchhart@chello.at

1. Einleitung

Dieser Artikel beschreibt ein erfolgreich durchgeführtes Wissensmanagementprojekt und beleuchtet dabei verschiedene Faktoren, die für den Erfolg relevant waren, sowie Herausforderungen und den Umgang mit diesen.

Das Projekt „Wissen verteilen durch Einführung eines Competence Centers" wurde beim österreichischen Übertragungsnetzbetreiber Austrian Power Grid, kurz APG durchgeführt. Das Unternehmen hat ca. 450 Mitarbeiter, der Hauptstandort befindet sich in Wien, weitere Standorte sind über Österreich verteilt. Weitere Informationen zum Unternehmen können Sie der Webseite www.apg.at entnehmen.

Aus Gründen der leichteren Lesbarkeit wird bei Personenbezeichnungen im Text die weibliche Form gewählt, obwohl sich die Angaben auf Angehörige beider Geschlechter beziehen.

2. Ausgangssituation und Zielsetzung

Nach erfolgreicher Einführung eines unternehmensweiten Dokumentenmanagementsystems inkl. Aufgabenverwaltung blieb ein nicht zu vernachlässigender Teil der Ressource der Projektleiterin für Support, Weiterentwicklungen, Testmanagement im Rahmen von Releases, Erstellung / Planung und Durchführung von Schulungen gebunden.

Das Dokumentenmanagementsystem wird für den gesamten Schriftverkehr, die Rechnungsprüfung inklusive deren Freigabe, als auch für die Verwaltung der Aufgaben und Auflagen aus diversen Bescheiden, Verträgen etc., sowie für die Verwaltung und Versionierung der Pläne in digitaler und physischer Form verwendet.

Durch die Einbindung des firmeninternen Helpdesks konnte das Nadelöhr zwar entschärft, jedoch nicht aufgelöst werden. Der Aufwand für eine noch intensivere Schulung des Helpdesks, um verschiedenste Zusammenhänge der Funktionen bzw. Relevanz für die einzelnen Fachabteilungen stand nicht in Relation zum Nutzen, da man hier auch mit der entsprechenden Userakzeptanz umgehen musste. Aus diesem Grund wurde das Projekt „Einführung eines Competence Centers (kurz CC)" gestartet.

Die wichtigsten Ziele dieses Projektes waren:

- Verantwortlichkeiten auf mehrere Personen / Abteilungen aufteilen, um die IT-Abteilung zu entlasten
- Unabhängig von Urlaub oder Krankheit einer Person steht das allgemeine Support- und Hintergrundwissen über mehrere Personen verteilt zur Verfügung
- Qualitätssicherungsmaßnahmen (wie z.B. Schulungen / Benutzerhandbücher und Dokumentation) aktualisieren bzw. DMS in Bezug auf Masken, Workflows etc. verschlanken
- Die Anzahl der offenen CRs um mehr als die Hälfte reduzieren

3. Vorgehensweise und verwendete Methoden

Nach einer im Verhältnis zur Projektgröße langen Vorbereitungszeit, in der die Führungskräfte von der Sinnhaftigkeit dieses Projektes überzeugt wurden, wurden Teammitglieder für das Competence Center aus den verschiedenen Abteilungen gesucht bzw. ausgewählt. Dabei wurde darauf geachtet, dass zum einen die jeweilige Abteilungsleiterin den Nutzen darin erkannte, warum sie eine Mitarbeiterin für dieses CC abstellen sollte, und zugleich motiviert war, die optimalste Mitarbeiterin hierfür freizugeben. Zum anderen sollte auch die Mitarbeiterin selbst den Vorteil für sich selbst erkennen, in diesem Team mitarbeiten zu dürfen. Dieser Aspekt war nicht zu vernachlässigen, da die Motivation und das Vertrauen für die Weitergabe von Wissen große Bedeutung haben.

Nachdem die Teammitglieder ausgewählt waren bzw. die Abteilungsleiterinnen ihrer Mitarbeiterinnen für dieses Team frei gaben, wurden direkt im Projektstartworkshop die Ziele, Spielregeln und Verantwortlichkeiten erarbeitet, definiert und festgehalten. Bei den Verantwortlichkeiten ging es um mehrere Punkte. So wurden dabei folgende Fragen behandelt und geklärt: Wer übernimmt welche Rolle innerhalb des Projektteams? Welche Abteilung ist für welchen Use Case die hauptverantwortliche Abteilung? Wer hat das größte Hintergrundwissen bzw. wer möchte sich zu welchem Bereich das größte Wissen aneignen? Wo ergeben sich Synergien bzw. welche Arbeitsbereiche passen zusammen?

Da die Teammitglieder des Competence Centers zwar allesamt Expertinnen in ihrem jeweiligen Bereich waren, aber ihr Power User Wissen im Bereich des Dokumentenmanagementsystems noch erweitern mussten, wurden zunächst einige Grundlagen rund um das DMS, Software testen, CR-Prozess, Erstellung von Schulungsunterlagen sowie zum Wissensmanagement vermittelt.

Um für die Wissensweitergabe den notwendigen Rahmen mit verschiedene Faktoren wie Motivation, Vertrauen, Respekt von großer Bedeutung zu schaffen, wurde zunächst großer Wert auf die Teamentwicklung gelegt und der Begriff „Kartoffelprinzip" wurde eingeführt. Dieser Begriff „Kartoffelprinzip" wurde als Metapher für die Wissensweitergabe verwendet. „Wissen ist ein Gut, dass sich durch die Weitergab nicht verkleinert, sondern sogar anreichern und somit vermehren kann".

Um die Teamsitzungen möglichst effizient zu gestalten, wurden verschiedenste Projektmanagement- bzw. Moderationsmethoden verwendet. Hier werden nun beispielhaft einige Punkte aufgeführt:

- Outlook-Kalender wurden gepflegt und innerhalb des Teams freigegeben, damit eine Terminfindung leichter und teilweise auch ohne Rücksprache erfolgen konnte
- Protokolle wurden on the Fly in der Besprechung erstellt und maximal 4 Stunden nach Ende der Besprechung/Workshops versendet, Rückantworten gab es innerhalb von 24 Stunden – keine Rückmeldung bedeutete – Akzeptanz des Geschriebenen
- Zu jedem Termin gab es eine Agenda mit Zielen, Aufgaben / Maßnahmen
- ToDos wurden über das Dokumentenmanagementsystem erfasst und verwaltet und entsprechend ausgewertet
- Bei Diskussionen bzw. Themen, wo man dazu neigte, lange zu sprechen und somit viel Zeit zu verbrauchen, wurde eine Person beauftragt, die Uhr im Blick zu halten und nach z.B. 5/10/15 Minuten einzugreifen
- Spielregeln wurden im Team mittels Brainstorming Methode erarbeitet, anschließend formuliert und mit den Unterschriften aller Teammitglieder dokumentiert

Nach den ersten Workshops stellte sich schnell heraus, dass, obwohl alle Teammitglieder das Dokumentenmanagementsystem aus ihrer täglichen Arbeit her kannten und alle zusammen als sogenannte Power User zählten, viele Funktionen unbekannt bzw. unterschiedlichen Benutzern in unterschiedlicher Form bekannt waren. Durch diese Erkenntnis entstanden schnell neue Schulungsunterlagen mit einer Liste von versteckten Funktionen sowie Tipps und Tricks für alle Mitarbeiterinnen. Dabei wurden auch die unterschiedlichen Arbeitsmethoden der Mitglieder innerhalb des DMS betrachtet und teils optimiert.

Im Rahmen der ersten Infoveranstaltung, in der das Projekt, dessen Ziele und das neue Competence Center mit seinen Mitgliedern vorgestellt wurden, wurden auch Auszüge aus diesen Tipps und Tricks präsentiert. Die Infoveranstaltung wurde am Hauptstandort in Wien abgehalten und mittels Videokonferenz an alle anderen Standorte übertragen. Das extrem positive Feedback, sowohl von den Führungskräften und als auch Kolleginnen, motivierte die CC-Mitglieder, und anfängliche Skepsis bzw. Angst, so vor die Kolleginnen zu treten, war verschwunden. Weitere Veranstaltungen dieser Art wurden geplant und quartalsweise durchgeführt.

Im nächsten großen und wichtigen Arbeitsschritt aus Sicht des „Wissensmanagements" wurden die verschiedensten Dokumente gesichtet, sortiert und klassifiziert. In diesem Zusammenhang waren mehrere Aspekte interessant und mussten beachtet werden. Die verschiedenen Dokumente sind aus unterschiedlichen Projektphasen (Projekt Einführungszeit, Go Live, laufenden Betrieb bzw. durch neue Versionen des DMS) von unterschiedlichen Autoren für unterschiedliche Personen / Nutzer / Anwender erstellt worden.

Hier eine unvollständige Auflistung der vorhandenen Dokumente / Informationen:

- Lastenheft
- Projektauftrag
- Projektbesprechungsprotokolle
- Projektdokumentation
- Pseudocodes
- Workflows
- Test- & Abnahmeprotokolle
- Schulungsfolien / Benutzerhandbuch
- FAQ's für Helpdesk inkl. Lösungsansätze
- Change Requests
- Systemnotes
- Releasenotes

Hier war es ein enormer Vorteil, dass die Projektleitung selbst alle Dokumente kannte und dadurch den Kontext – warum ist welches Dokument zu welchem Zeitpunkt für welchen Zweck/Publikum entstanden. Durch dieses Hintergrundwissen konnten Informationen schnell klassifiziert werden und in vielen

Fällen konnte ein Zusammenhang zwischen Dokument / Funktion / Arbeitsprozess hergestellt werden. Dabei wurden veraltete, nicht mehr relevante Information und Dokumente entsprechend gekennzeichnet und ggf. Dokumente als obsolet vermerkt.

Nachdem festgelegt war, welches Dokument zu „wem" gehörte, begannen die Teammitglieder mit der Durchsicht der Dokumente, dies erfolgte teilweise einzeln, teilweise in Paaren oder kleinen Gruppen – je nach Verantwortungsbereich. Beim Durcharbeiten der Dokumente ergaben sich für die CC-Mitglieder teilweise Fragen nach Informationen, die trotz der guten Dokumentation noch als implizites Wissen vorhanden waren, wie z.B. warum wurde die Funktion genau so und nicht anders implementiert, warum waren manche Workflows so kompliziert und auf den ersten Blick überbürokratisch, etc. Es folge eine Überarbeitung bzw. Anreicherung der Dokumente um Zusatzinformationen, die als Wissen vorhanden, aber nicht niedergeschrieben waren. Dadurch wurde die Qualität der Dokumente gesteigert. Zugleich wurden Dokumente gekennzeichnet (relevant / nicht relevant) und es entstanden neue zusätzliche Dokumente bzw. Schulungsunterlagen. Die Mitglieder des neuen Competence Center haben in diesem Schritt zum ersten Mal selbst Aufgaben übernommen. Natürlich ging es noch nicht immer ohne Unterstützung der Projektleitung, doch es wurde versucht, nur zu unterstützen – nach dem Motto *„Was du mir sagst, das vergesse ich. Was du mir zeigst, daran erinnere ich mich. Was du mich tun lässt, das verstehe ich."* (Konfuzius)

Parallel zur inhaltlichen Erarbeitung entstanden neue Schulungsunterlagen und es wurden entsprechende Schulungen geplant und organisiert. Dadurch wurden die CC-Mitglieder für die jeweiligen Kolleginnen präsenter und zum anderen wurde somit auch ihre Kompetenz untermauert.

Über die vergangenen Jahre hinweg wurden zahlreiche Erweiterungswünsche bzw. Änderungswünsche aus den verschiedensten Abteilungen als Change Requests aufgenommen. Obwohl nahezu alle diese CRs bereits spezifiziert und mit dem Lieferanten abgestimmt waren, wurden sie teilweise wegen nicht vorhandener Dringlichkeit, nicht abschätzbarer Auswirkungen auf andere Funktionen, mangelnde Ressourcen, etc. nicht umgesetzt bzw. in Auftrag gegeben. Eines der Ziele des neuen Competence Centers war es nun, die Liste der offenen CRs um mehr als die Hälfte zu reduzieren.

Um dieses Ziel zu erreichen gab es folgende Möglichkeiten:

- CRs freigeben und umsetzen
- CRs mit andern ähnlichen CRs zusammenführen und ggf. umsetzen
- CRs ablehnen und somit aus der Liste der offenen CRs entfernen

Dazu wurden zunächst alle CRs innerhalb des Competence Centers in Workshops durchbesprochen und diskutiert, und anschließend hat das jeweils zuständige CC-Mitglied den CR mit dem jeweiligen Antragsteller diskutiert. Es konnten dadurch sehr viele CRs als nichtig erklärt und aus der Liste der offenen CRs entfernt werden. Im nächsten Schritt wurden dann CRs, die ähnlich waren, zusammengefasst und mit dem Lieferanten neu abgestimmt. Die Freigabe zur Umsetzung von CRs erfolgte nach einer Bewertung der CC Mitglieder. Jedes einzelne Mitglied konnte je CR 1-10 Punkte vergeben, so ergab sich die Umsetzungsreihenfolge, und sogenannte CR-Pakete konnten geschnürt werden. Dadurch konnte das Release Management verbessert und frühere Qualitätsprobleme auf Seiten des Lieferanten für das DMS reduziert werden.

Durch die angeführten Maßnahmen konnte die Liste der offenen CRs innerhalb von drei Quartalen um mehr als die Hälfte reduziert werden. Zugleich wurde den CC-Mitgliedern der organisatorische Aufwand, der hinter einem CR stand, bewusst, womit die Flut der neuen Wünsche und Ideen gut gehandhabt werden konnte. Dieses Verständnis konnte nun auch wesentlich besser als früher bis zur jeweiligen Anwenderin bzw. Anforderin kommuniziert werden, wodurch die Kompetenz der CC-Mitglieder noch besser sichtbar gemacht werden konnte.

Weiters hat das Team des Competence Centers an einer Vereinheitlichung und Vereinfachung der Workflows und diversen Masken gearbeitet. Auch diese Verbesserungen wurden von den End Usern positiv wahrgenommen.

4. Herausforderungen

Die größten Herausforderungen gab es vor dem tatsächlichen Projektstart, in der Phase, in der das Projektteam ausgewählt / zusammengestellt und festgelegt wurde. Zunächst musste mit der Projektauftraggeberin geklärt werden, welche Abteilungen ein Mitglied für das Competence Center zur Verfügung stellen sollte. Hier wurde berücksichtigt, dass das Team nicht all zu groß werden sollte, um die Kommunikation innerhalb vom Projektteam gut funktionieren zu lassen. Hier hielt man sich an die optimale Projektteamgröße von 7 plus/minus 2 Teammitgliedern. Im nächsten Schritt mussten dann die jeweiligen Führungskräfte davon überzeugt werden, dass es ihnen nicht nur eine Ressource kostet, sondern ihnen wesentliches Wissen und somit Vorteile verschaffen würde. Und schlussendlich mussten die Teammitglieder selbst motiviert und überzeugt werden, in diesem Projekt und somit in diesem Team mitarbeiten zu wollen. Die Bezeichnung Projekt bezieht sich ja rein auf die Einführung des Competence Centers, der weitere Bestand und die Tätigkeit des CC-Teams ist eine kontinuierliche Arbeit und hat nichts mit einem Projekt zu tun.

Eine weitere Herausforderung war es natürlich auch, dass die Teammitglieder diese neue Tätigkeit als zusätzliche Aufgabe in ihrem bereits umfangreichen Aufgabenspektrum dazubekommen haben und nichts anderes abgeben konnten. Es wurde versucht, die Teamsitzungen so effektiv wie nur möglich zu gestalten und den Teammitgliedern auch immer wieder neue Arbeitstechniken zu zeigen, um die Motivation hoch zu halten. Schnell entwickelte sich richtiger Teamgeist und es wurde zum Selbstläufer, die CC-Mitglieder waren gerne Teil dieses Projektes und brachten selbst Ideen ein.

Dass die CC-Mitglieder über mehrere Standorte verteilt waren und so nur selten alle Mitglieder physisch am selben Ort sein konnten, wurde mittels Videokonferenz gelöst. Es wurde zwar teilweise versucht, dass die Termine so gelegt worden sind, dass die Kolleginnen aus den Betriebsregionen, wenn sie z.B. für andere Besprechung nach Wien reisen mussten, auch gleich im CC eingebunden werden konnten. Aber dies war nicht immer möglich. Das Arbeiten als virtuelles Team hat ganz gut funktioniert, es wurden auch sogenannte virtuelle Kaffeepausen durchgeführt, um Smalltalk zu führen.

Ein nicht zu vernachlässigendes Problem waren die Zugriffsrechte auf Dokumente bzw. Berechtigungen im weiteren Support. Die Zugriffsrechte konnten entsprechend angepasst werden, es gab zwar immer wieder Abstimmungsbedarf, doch hier konnte man vieles ausdiskutieren. Weitaus schwieriger gestaltete es sich mit dem Support. Die ursprüngliche Projektleitung hatte zu Beginn volle Admin Berechtigungen, d.h. alles ist im System erlaubt bzw. alle Daten können gefunden werden. Die Projektleitung war selbst nicht immer darüber erfreut, diese Berechtigungen zu besitzen, und so war von Anfang an klar, es kann nicht das Ziel sein, diese Berechtigungen an alle CC-Mitglieder zu vergeben. Außerdem sollte ein Userproblem nicht einfach still und heimlich ohne das Zutun des jeweiligen Users behoben werden, sondern vielmehr sollte dem User gezeigt werden, wie er sich selbst helfen kann und somit zukünftig nicht mehr die Unterstützung des CCs benötigt. Hierfür wurde den CC-Mitgliedern die Verwendung des Remote Desktops gezeigt und nahegelegt, diese zu verwenden. Somit konnte das CC-Mitglied direkte mit dem User das jeweilige Problem nachstellen bzw. lösen und brauchte keinerlei weiterer Berechtigungen.

5. Resümee

Ausschlaggebend für den Erfolg dieses Projektes waren und sind die Personen, die an diesem Projekt und später im CC-Team mitgearbeitet haben. Ein solches Projekt ist sehr von den Personen, deren Einsatz und Motivation abhängig. Hinzu kamen viele positive Eigenschaften (wie z.B. die große Hilfsbereitschaft, Kontaktfreudigkeit, Gewissenhaftigkeit und das hohe Expertenwissen im jeweiligen Fachbereich) der CC-Mitglieder.

Nicht zu vernachlässigen ist das Vertrauen, das der Auftraggeber der Projektleitung und in weiterer Folge dem Projektteam geschenkt hat. Durch die offene Kommunikation, die Wertschätzung und auch die positive Art, über das Projekt zu sprechen, gegenüber den Mitarbeitern, den Kollegen in der Führungsebene bis zum Vorstand, hat viel zum Erfolg des Projektes beigetragen.

Durch dieses Projekt konnte gezeigt werden, dass das Wissen von einer Person auf mehrere Personen verteilt werden kann, der Aufwand ist allerdings nicht zu unterschätzen.

Auf Seiten der APG konnte durch dieses Projekt das Wissen von der Projektleitung so auf ein ganzes Team verteilt werden, beim Softwarelieferanten (also Hersteller des DMS) blieb das Wissen jedoch fast ausschließlich bei einer Person und somit blieb hier weiterhin die Abhängigkeit von einer Person bestehen.

6. Abkürzungsverzeichnis

CC   Competence Center

APG Austrian Power Grid

DMS Dokumenten Management System

CR   Change Request

Mehr als ein Kommunikationstool. Wissensmanagement-Potenziale von Social Software am Beispiel von Slack

Robert Gutounig[1], Eva Goldgruber[1], Sebastian Dennerlein[2], Stefan Schweiger[3]

[1]FH JOANNEUM, [2]Know-Center GmbH, [3]Wissensmanagement Forum

robert.gutounig@fh-joanneum.at, eva.goldgruber@fh-joanneum.at,
sdennerlein@know-center.at, schw.stefan@gmail.com

1 Einleitung

Zunehmend finden webbasierte Tools im Sinne der Web 2.0 Prinzipien Verbreitung, die für den Einsatz in der vernetzten Organisation geeignet scheinen (vgl. Wittenbrink 2014). Diese Prinzipien wurden von Musser & O´Reilly (2007) ausformuliert und hatten starken Einfluss auf die Entwicklung insbesondere im Bereich Social Software.

Prinzipien (Siehe Abbildung 1) wie die Nutzung kollektiver Intelligenz (*harnessing collective intelligence*) weisen den Weg zur Schaffung einer der Partizipation förderlichen Softwarearchitektur, welche die Beteiligung von Vielen und die Verknüpfung und die Aggregation deren Wissens möglich macht. Das über die Zeit entstehende Produkt (z.B. Inhalte von Wikipedia) hätte von Einzelnen so nicht geschaffen werden können. Die beliebige Kombinierbarkeit von Komponenten oder ganzen Anwendungen (*innovation in assembly*) meint die Schaffung von Plattformen, welche Innovation durch Vereinigung ermöglichen. Die Verbindung von Daten und Services bietet neue Möglichkeiten der Nutzung. Viele Softwareanwendungen sind mittlerweile webbasiert und können über den Browser genutzt werden und ihre Funktionen über offene Programmierschnittstellen (APIs) zur Verfügung stellen. Diese Funktionen können dann als Softwarebausteine verwendet und kombiniert werden, um neue Services zu generieren. Ein Beispiel dafür ist eine Webseite, die Einbrüche in einer Region übersichtlich darstellt durch die Verwendung von Kartenfunktionen. Auch der Begriff „MashUp" bezeichnet eine ähnliche Vorgehensweise.

Pattern	See also/a.k.a.	Exemplars	Practices	Issues
Harnessing Collective Intelligence	• Architecture of participation • Co-creation • Peer production • Wisdom of crowds	• Google • Wikipedia • Flickr • Amazon • del.icio.us	• Pay the user first • Network effects by default • Involve users explicitly and implicitly • Trust your users • Software that improves the more people use it	• Trust • Quality • Walled gardens • Privacy
Data Is the Next "Intel Inside"		• Amazon • eBay • NAVTEQ • Craigslist • Gracenote	• Seek to own a unique source of data • Some rights reserved, not all • Following existing standards • Enhance the core data • Design data for reuse	• Balancing control • Ownership • Copyright
Innovation in Assembly	• Web as platform • Mashups • Remixability • Small pieces loosely joined • Enterprise SOA	• Google Maps • Yahoo! • Amazon • Salesforce.com	• Think platforms, not just applications • Create open APIs • Design for remixability • Build your business model into your API • Be your own platform customer • Granular addressability of content	• Terms of service • Business models
Rich User Experiences	• Rich Internet applications (RIA) • Ajax	• GMail • Google Maps • Netflix	• Combine the best of online and offline applications • Usability and simplicity first • Deep, adaptive personalization	• Overuse • New best practices
Software Above the Level of a Single Device	• Pervasive computing	• iTunes • TiVo • Shozu	• Design across devices, servers, and networks • Use the power of the network to make the edge smarter • Think location aware	• Incompatibilities • Digital rights management (DRM)
Perpetual Beta	• End of the software adoption cycle • Software as a service (SaaS) • Development 2.0	• Google • Flickr • Amazon	• Release early, release often • Invite users as co-developers • Make operations a core competency • Instrument your product • Use dynamic tools and languages	• Quality vs. speed
Leveraging the Long Tail		• Amazon • eBay • Google • Netflix	• Algorithmic data management • Customer self-service • Search, filter, and aggregation	• Filtering noise
Lightweight Models and Cost-Effective Scalability		• 37signals • Digg • Flickr	• Syndicated business models • Scale pricing and revenue models • Outsource non-essential functions	• Sunk by network effects • Defensible business models

Abbildung 1: Web 2.0 Patterns and Practices Quick Reference
(Quelle: Musser & O´Reilly 2007)

Umfassende Anwenderfreundlichkeit und Einfachheit (*rich user experience*) ist ein weiteres wichtiges Kennzeichen dieser Softwaregeneration. Die User Experience wird verbessert, indem die Vorzüge von Desktop und Online Software verbunden werden. Nicht nur selbsterklärendes und ansprechendes Design von Online Software wird angestrebt, sondern auch Interaktivität von Desktop Software geboten. In Folge werden durch die Usability (hohe Gebrauchstauglichkeit und einfache Bedienbarkeit) Barrieren für das Mitmachen und Beitragen beseitigt. Selbsterklärendes Design, ästhetische Gestaltung, praktische Navigation u.Ä. sind Voraussetzungen für Nutzerzufriedenheit.

Solche Web-Anwendungen sind auch nie ganz fertiggestellt (*perpetual beta*), sondern werden als Beta-Versionen freigegeben und basierend auf dem Nutzerfeedback kontinuierlich verbessert (*regulary releases*). Entsprechende Software-Entwicklungsmodelle werden auch SaaS – Software as a Service genannt.

Ein weiteres Prinzip stellt die Nutzung des *Long Tail* dar, d.h. die Nutzung von Nischenmärkten wird durch die Ökonomie der niedrigen Kosten (Bereitstellung, Instandhaltung und Kundenservice) und weite Reichweite des Internets ermöglicht. Es kostet in der digitalen Ökonomie fast nichts, wenige nachgefragte Angebote im Sortiment zu haben. Plattform- oder Geräteunabhängigkeit (*pervasive computing / software above the level of a single device*) meint die Entwicklung von Software, die über das Internet verbundene Geräte umfasst und auf die wachsende Durchgängigkeit der Onlineerfahrung baut. Ein Grund dafür ist, dass UserInnen verschiedene Geräte wie z.B. Tablet, PC oder Smartphone benutzen. Eine Folge davon ist u.a. die automatische Anpassung von Inhaltsdarstellung an die Bildschirmgröße (*cross platform development*) sowie Services, welche lokal gespeicherte Daten synchronisieren. Die genannten Elemente bilden gemeinsame und vielfach erfolgreich eingesetzte Charakteristika von Web 2.0-Software.

In Organisationen kommunizieren MitarbeiterInnen vermehrt über derartige Web 2.0 Tools bzw. Social Software (Deutsche Social Collaboration Studie 2016). Ein Beispiel eines solchen Tools stellt die Software Slack[1] dar. Dieses Kommunikationstool soll es ermöglichen, jedwede Kommunikation an einem einzigen Platz zu sammeln. Aber welche Faktoren sind entscheidend, damit solche Web 2.0 Tools zur Unterstützung des Wissensmanagements eingesetzt werden können? Eine Annahme ist, dass solche webbasierten, konnektivistisch inspirierten Formate des *corporate learning* sich zur Kompetenzentwicklung – insbesondere zur Entwicklung von Web Literacies (Ausserhofer et. al. 2013) – eignen. Konnektivistisches Lernen entwickelt webbasierte Medienkompetenzen, setzt sie aber zu einem gewissen Grad auch bereits voraus.

1.1 Die Software „Slack"

Die Nutzung von Slack ist seit der Einführung im Jahr 2013 stark gestiegen und die gegenwärtige Popularität brachte der Software auch eine Erwähnung als eine der „Breakthrough Technologies 2016 of MIT Technology Review" (Gomes 2016). Dieses Tool soll es laut Herstellerbeschreibung ermöglichen al-

---

[1] http://www.slack.com

le Kommunikationsstränge an einem zentralen Ort zu sammeln und bietet plattformunabhängig u.a. Features wie File-Sharing, Real-time Messaging, Archivfunktionen und Suchfunktionen. Darüber hinaus sollen das E-Mail-Aufkommen und der Bedarf an Meetings reduziert sowie die Teamkultur verbessert werden (Slack 2016). Slack kann hinsichtlich seiner Grundfunktionalitäten am ehesten den Instant Messengern zugeordnet werden (Anon 2016). Die von Herstellerseite angegebenen Funktionalitäten gehen jedoch weit über die eines Instant Messengers hinaus, besonders durch Features, die das Archivieren von Dokumenten, die Organisation von Dokumenten sowie Suchfunktionen mit automatischer Indizierung ermöglichen. Es kann somit angenommen werden, dass Slack auch für komplexere Zwecke, z.B. als E-Learning- oder Wissensmanagement-Plattform, eingesetzt werden könnte.

Neben dem Einsatz zu Kommunikationszwecken in Unternehmen wird Slack u.a. auch bereits von Bildungseinrichtungen in der Abwicklung der Lehre verwendet, um innovative, onlinebasierte Szenarien zu unterstützen. Gleichzeitig mit dem Einsatz in der Lehre wurde im E-Learning-Bereich die Frage aufgeworfen: „Could Slack Be the Next Online Learning Platform?" (Ahearn 2016; Goldgruber et al. 2016).

Bekannte Anwendungen von Slack finden sich darüber hinaus in Software Development Teams (Lin 2016). Die Anwendung ist auch im Bereich von Kommunikations- sowie Webagenturen beliebt und wird sogar in großen Medienorganisationen wie der *New York Times* eingesetzt (Wang 2015), sodass der Anspruch des Herstellers durchaus gerechtfertigt erscheint: „All kinds of people and all kinds of teams use slack to do amazing things" (slack.com).

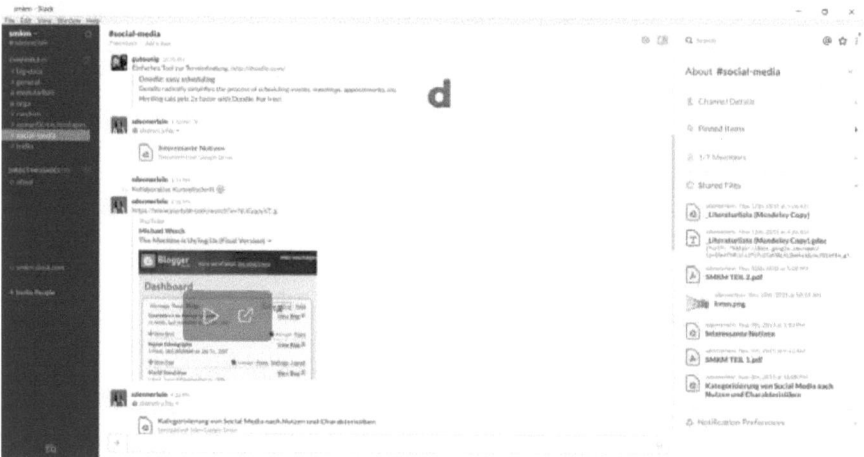

Abbildung 2: Team Slack Space

2 Zielsetzung & Methode

Da die Funktionalitäten von Slack weit über die eines Instant Messengers hinausgehen, soll im vorliegenden Beitrag darüber berichtet werden, wie die Software auch auf andere Prozesse im Unternehmen, im konkreten Fall auf Wissensmanagementprozesse, wirkt.[2]

2.1 Die Wissensaktivitäten in der Organisation

Als Rahmenwerk für die Untersuchung wurde dabei auf das Modell der Wissensaktivitäten zurückgegriffen (Wissensmanagement Forum 2007; Dennerlein et al. 2016), um mehrere Fälle aus gleicher Perspektive betrachten zu können. Die Wissensaktivitäten beschreiben typische Aktivitäten aus Wissenssicht.

Wissensplanung	Erarbeiten von Strategien und Zielen für das Wissensmanagement bezüglich der einzelnen Wissensaktivitäten sowie der Gestaltungsdimensionen des Wissensmanagements.	• Wissensanalyse • Planung von Wissenszielen • Zuordnung von Ressourcen
Wissensbewertung	Bewertung des in der Organisation vorhandenen Wissens, dessen Veränderung über die Zeit sowie der Erreichung von Wissenszielen.	• WM-Assessment • Wissensbilanz • kSCAN
Wissen anwenden	Anwendung des Wissens innerhalb der Aktivitäten der Geschäftsprozesse.	
Wissen generieren	Internes Erzeugen neuen Wissens.	• Forschung & Entwicklung • Kreativitäts- und Problemlösungstechniken
Wissen erwerben	Erwerb externen Wissens.	• Kooperationen • Personalrecruiting • Erwerben von Patenten • Erwerben von Beratungsleistungen
Wissen weitergeben	Sowohl langfristig geplante Weitergabe als auch spontaner Austausch internen und externen Wissens durch Kommunikation, Maßnahmen der Personalentwicklung sowie durch Unterstützung mittels IKT.	• Communities of Practice • Mentorenprogramme, Job-Rotation • Wissensmärkte • IKT
Wissen organisieren	Identifikation und Strukturierung von Wissensgebieten und -trägern sowie Identifikation, Aktualisierung & gezieltes „Vergessen" veralteten Wissens.	• Wissenslandkarten • WM-Assessment • Expertenverzeichnisse • Lessons Learned
Wissen sichern	Speicherung, Verteilung und Aktualisierung expliziter Wissensbestände vorwiegend mittels IKT.	• IKT • Aufbau von Redundanzen

Abbildung 3: Wissensaktivitäten – Inhalte sowie unterstützende Tätigkeiten (Quelle: Wissensmanagement Forum 2007)

Die angenommene Verbindung eines Web 2.0 Tools wie Slack zu Wissensmanagement und Wissensaktivitäten wurde mithilfe folgender Fragestellung ana-

---

[2] Der folgende Teil stellt eine Weiterentwicklung der in Dennerlein et al. 2016 publizierten Ergebnisse dar.

lysiert: Wie wirkt sich der Einsatz solcher Tools auf Wissensmanagementprozesse aus?

2.2 Fallstudie

Um dieser Frage auf den Grund zu gehen, wurde mithilfe einer explorativen Fallstudie untersucht, inwieweit der Kontext der Verwendung, Entwicklerintention, Nutzungsintention der UserInnen und der tatsächliche Gebrauch im Sinne der Wissensaktivitäten (*Wissen generieren*, *Wissen erwerben*, *Wissen organisieren*, *Wissen weitergeben*, *Wissen sichern*) in Zusammenhang stehen. Dazu wurden UserInnen, die maßgeblich an der Einführung von Slack in den untersuchten Fällen beteiligt waren und als Key-UserInnen agieren, aus fünf verschiedenen Kontexten (Softwareentwicklung über Hochschullehre bis zum Einsatz in Non-Profit-Organisationen) in episodischen Interviews befragt um etwas über die vielfältigen Einsatzmöglichkeiten des Tools zu erfahren. Außerdem wurden präzisierende Fragen hinsichtlich der Wissensaktivitäten gestellt. Die Ergebnisse wurden, ebenso wie die Herstellerbeschreibung der Software, inhaltsanalytisch ausgewertet.

Die gewählten Fallbeispiele ermöglichen einen Überblick über mehrere unterschiedliche Verwendungskontexte von Slack und bieten gleichzeitig den Vorteil in den einzelnen Fällen tief zu gehen. Sie zeigen auf, was von den NutzerInnen jeweils als besonders wesentlich wahrgenommen wird. Folgende Fälle wurden untersucht: (1) Eine projektbasierte Lehrveranstaltung an einer Fachhochschule, (2) ein verteilt agierendes Projektteam für kollaborative Softwareentwicklung, (3) eine Arbeitsgruppe einer NGO, (4) ein Team in einem Softwareentwicklungsunternehmen, und (5) eine Community aus Studierenden und Lehrenden eines berufsbegleitenden Masterstudiums an einer Fachhochschule.

Den ersten Fall bildet eine Slack-Instanz mit 23 Mitgliedern mit dem Zweck Public Relations an einer Fachhochschule zu unterrichten. Der Lehrende verwendet Slack gemeinsam mit den Studierenden um Praxisprojekte von externen AuftraggeberInnen abzuwickeln. Der zweite Fall stellt ein kollaborativ zusammenarbeitendes Softwareentwicklungsprojekt mit dem Ziel, eine Textmining-Software für wissenschaftliche Literatur zu entwickeln dar. Die Größe des geographisch verteilten Teams variiert von 7-12 MitarbeiterInnen. Der dritte Fall ist eine Slack-Instanz einer nationalen Zweigstelle einer weltweit tätigen Non-Profit-Organisation im Bereich der digitalen Gesellschaft. Die vierte untersuchte Slack Instanz ist in einem von mehreren Teams eines Softwareentwicklungsunternehmen mit ca. 50 MitarbeiterInnen im Einsatz. Das Unternehmen ist hauptsächlich im Bereich Big Data tätig, das untersuchte Team schwerpunktmäßig im Bereich Ubiquitous Computing. Die Unternehmenskultur fördert den Austausch und Interaktion über die Teamgrenzen hinweg ebenso wie kollaborative Projektentwicklung. Der letzte Fall ist eine Slack-Instanz für die Community eines neu eingerichteten Masterstudiengang an einer Fachhochschule im Bereich digitale Kommunikation für Organisationen (5). Die Community setzt sich aus vier fix angestellten MitarbeiterInnen, 15 internen und externen Lehrbeauftragten sowie ca. 25 Studierenden pro Jahrgang zusammen.

3 Slack in der Praxis

Mit der Einführung des Tools wurden u.a. folgende Nutzen beabsichtigt: In zwei der Fälle ging es um schnellen Austausch zwischen Projektteams (1, 4), bei den weiteren um die Vernetzung zwischen lokal verteilten ProjektmitarbeiterInnen (2), die Schaffung einer Lerncommunity (5) bzw. die Etablierung einer nicht fragmentierten Kommunikationsumgebung (3). In Bezug auf die Intention der Nutzung von Slack lassen sich diesem Sample nach zwei Gruppen unterscheiden: Eine Gruppe legt den Hauptfokus auf Projektmanagement (1, 2 & 4), eine zweite auf Networking bzw. Community Building (3 & 5).

3.1 Wissensmanagement-Potenziale von Social Software am Beispiel von Slack

Schon aufgrund der Analyse der Herstellerbeschreibung lässt sich eine Unterstützung von Slack für die Wissensaktivitäten *Wissen weitergeben*, *Wissen organisieren* und *Wissen sichern* feststellen. Auch bezogen auf die Analyse der Verwendung von Slack in fünf Anwendungsfällen lässt sich die Unterstützung für diese Wissensaktivitäten durch die Befragten bestätigen, womit Slack dahingehend als besonders geeignet eingestuft werden kann. Ambivalente Aussagen gibt es hinsichtlich der Unterstützung der Wissensaktivitäten *Wissen generieren* und *Wissen erwerben*.

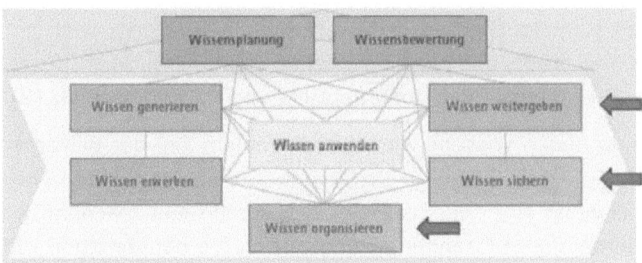

Abbildung 4: Stark unterstützte Wissensaktivitäten durch den Einsatz von Slack (Quelle: adaptiert nach Wissensmanagement Forum 2007)

Sowohl die geplante als auch die spontane Weitergabe von Wissen wird unterstützt, z.B. in der Lehre: „LV-Kommunikation, die sonst entweder analog in einem Raum stattfinden würde oder sonst auch auf Moodle in Foren oder so etwas, die findet nun in Slack Channels statt" (5). Auch der sonst über E-Mail-Kommunikation laufende Austausch konnte weitgehend ersetzt werden (4). Besonders die Integrationsmöglichkeiten mit anderen webbasierten Tools werden als Vorteil gesehen: „[Slack] ist integrierbar mit Tools, die wir bereits nutzen und wenn wir Benachrichtigungen und Informationen von unseren Kollegen bekommen, was sie in diesem Bereich bereits gemacht haben [...] dann hilft uns das wirklich besser zu performen", was wiederum auf eine bessere Synchronisierbarkeit von Aufgaben zurückgeführt wird (4). Trotz *rich user experience* bleibt die tiefgehende Auseinandersetzung mit der Funktionalität der Software ein Erfolgsfaktor: „Je mehr du über das Tool weißt, desto mehr kannst du die Vorteile, die es bringt, genießen" (4).

Auch *Wissen organisieren* wird in allen Fällen unterstützt. V.a. die Möglichkeit der Wissensorganisation durch Einrichtung von thematischen Channels wird hervorgehoben (5) sowie die Vorteile gegenüber E-Mail-Kommunikation: „Das ermöglicht einfach ein bisschen ein selbstorganisierteres Kommunizieren und es ist nicht diese Mailflut, die den Mailordner überflutet" (3). Wissen wird oft ohne zentrale Planung nach dem Prinzip von Selbstorganisation gesammelt, was aber dennoch zur Ausbildung einer sinnvollen Struktur führt: „Wir haben nicht entschieden einen Channel einzurichten, es passiert einfach. Wir sind nicht mit einer formellen Struktur gestartet, wir hatten anfangs nur einen allgemeinen Channel und andere sind nach und nach dazugekommen" (4). Slack fungiert als zentrale Plattform für Wissensorganisation, auch um Wissen zu bündeln, das ursprünglich auf anderen Kanälen gesammelt wurde (5).

Die *Sicherung von Wissen* wird in allen Fällen als unterstützt wahrgenommen. Vorteile gegenüber anderen Lösungen, z.B. Instant Messengern, werden hervorgehoben: „Stellen Sie sich vor ich lese ein Paper [...] und ich möchte es teilen [...] Ich könnte das über Skype tun, aber die Datei ist dann bald so gut wie verloren [...] Bei Slack wissen wir, wo die Datei ist, weil ich es im Forschungschannel lesen und dort nachsehen kann" (4). Auch dezentrale Kommunikationsflüsse bleiben so dokumentier- und nachvollziehbar (2).

Die Schaffung neuen Wissens wird nur von einem Teil der Befragten affirmativ beantwortet (in 3 von 5 Fällen). So werden z.B. kreative Ideen eher weiterverfolgt: „Jemand hat eine Idee ‚Lasst uns dieses Projekt machen!' [...] Dann legen wir einen anderen Channel an und ziehen die Konversation rüber [...] Die erscheinen spontan, so ist es nicht erforderlich, ein formales Projekt anzulegen" (4). Formen der kollaborativen Wissensgenerierung kommen auch auch bei verteilten Entwicklerteams vor: „Wenn du mal so einen kleinen Sprint hast, so kollaborativ sprinten, so jetzt machen wir mal 5 Stunden Code Sprint." (2)

Zum Teil wird das Tool zwar als zentral für den Kommunikationsprozess gesehen, weniger jedoch in Bezug auf die Förderung der Wissensgenerierung: „So wirklich viel generiert wird da nichts, da ist eher Austausch" (3). Der von Userinnen teilweise vorhandene Wunsch nach abgeschlossenen Kommunikationsräumen stellt eine Barriere für die Wissensgenerierung dar. „Ein großer Teil der Kommunikation findet entweder bei Slack in geschlossenen Gruppen statt bzw. wird sehr stark in Facebookgruppen kommuniziert" (5).

Auch der Erwerb von externem Wissen wird nur in zwei von fünf Fällen als unterstützt wahrgenommen. Möglich ist dies z.B. durch Integration von externen MitarbeiterInnen: „Weil wir haben Inhalte darüber ausgetauscht, Lehrende und Studierenden haben darüber stark kommuniziert, haben Informationen da mitgeteilt, die von den anderen rezipiert wurden. Es fand in den Tools, in den Channels statt" (5). Auch der Wunsch, eine bestehende Community um WissensträgerInnen von außen zu erweitern, ist durch die offene Architektur der Software umsetzbar: „Wissen von extern in das Projekt reinzuholen, das machen eigentlich alle. [...] Also dieses Wissen reinholen wird einem einfach gemacht. [...] Also v.a. über Twitter Integration und das Posten von Links" (3).

4 Fazit und Ausblick

Die geschilderten Erfahrungen, die in Zusammenhang mit der Einführung und Nutzung von Slack stehen, zeigen, dass in allen Fällen Austausch, Organisation und Sicherung von Wissen unterstützt wird. Dies stimmt weitgehend mit dem von Slack offerierten Funktionsumfang überein. Weiters fällt auch auf, dass sich in Bezug auf die Nutzungsintention zwei Gruppen bilden, die mit den übrigen Wissensaktivitäten einhergehen und scheinbar mit der abzielenden Nutzung (Internes Projektmanagement bzw. Networking) zusammenhängen.

Ein Aspekt, der in den Interviews hervorgehoben wurde und auch generell für den Einsatz von Wissensmanagement-Werkzeugen gelten könnte, ist, dass die technische Ebene alleine nicht ausreicht. Das Community Management bleibt weiterhin wichtig und sollte bewusst forciert werden: „Automatisch funktioniert er [der Slack Channel] nicht, nur auf der Basis, dass ich Leute in Slack einbinde funktioniert er nicht [...] Aber kein Tool funktioniert einfach weil es da ist, sondern es kommt auf den Nutzen an" (1).

Diese Ergebnisse legen nahe, dass es einerseits entscheidend ist, ein Tool zu wählen, das den beabsichtigten Nutzen bestmöglich unterstützt, aber zusätzlich die tatsächliche Art der Verwendung des Tools auf den Grad wirkt, in dem unterschiedliche Wissensaktivitäten unterstützt werden. Mit anderen Worten: Ein Kommunikationstool ist nicht nur ein Kommunikationstool, sondern entsprechend der Nutzungsintention tatsächlich was man daraus macht!

5 Literatur

Ahearn, A. (2016): Could Slack Be the Next Online Learning Platform? In: EdSurge. In: https://www.edsurge.com/news/2016-03-04-could-slack-be-the-next-online-learning-platform (12.1.2017).

Anon. (2016) Comparison of Instant Messaging Clients. In: https://en.wikipedia.org/wiki/Comparison_of_instant_messaging_clients (12.1.2017).

Ausserhofer, J./Wittenbrink, H./Radl, B. A./Schönbacher, T. (2013): Informationen im Netz organisieren, produzieren, publizieren: Von digitaler Medienkompetenz zu Web Literacy. In: Grenzenlos kooperieren: Forschung im Dialog mit Gesellschaft und Wirtschaft. Tagungsband zum 7. Forschungsforum der österreichischen Fachhochschulen. Berlin: wvb Wissenschaftlicher Verlag, 559–566.

Dennerlein, S./Gutounig, R./Goldgruber, E./Schweiger, S. (2016): Web 2.0 Messaging Tools for Knowledge Management? Exploring the Potentials of Slack. In: S. Moffett & B. Galbraith (Hrsg.), Proceedings of the 17h European Conference on Knowledge Management. Belfast: Academic Conferences and Publishing International Limited, 225–232.

Deutsche Social Collaboration Studie – Nutzen und Chancen für Unternehmen (2016). Hrsg. v. Fachbereich Wirtschaftsinformatik der Technischen Universität Darmstadt Darmstadt. In: http://www.campana-schott.com/de/de/social-collaboration-studie/ (12.1.2017).

Goldgruber, E./Gutounig, R./Dennerlein, S./Schweiger, S. (2016): Potenziale von ‚Slack' im E-Learning. In: E-Learning: Warum Nicht? Eine Kritische Auseinandersetzung mit Methoden und Werkzeugen. Graz, Austria: Verlag der FH JOANNEUM Gesellschaft mbH, 130–136.

Gomes, L. (2016): Slack A service built for the era of mobile phones and short text messages is changing the workplace. In: MIT Technology Review, https://www.technologyreview.com/s/600771/10-breakthrough-technologies-2016-slack/ (12.1.2017).

Lin, B. (2016): Why Developers Are Slacking Off: Understanding How Software Teams Use Slack. In: CSCW '16 Companion. Proceedings of the 19th ACM Conference on Computer Supported Cooperative Work and Social Computing Companion, 333–336.

Musser, J./O'Reilly, T. (2007): Web 2.0 Principles and Best Practices. In: O'Reilly Media.

Slack (2016): Slack: Be less busy. In: https://slack.com (12.1.2017).

Wang, S. (2015): The New York Times liveblogged last night's GOP debate directly from Slack. In: Nieman Journalism Lab, http://www.niemanlab.org/2015/08/the-new-york-times-live-blogged-last-nights-gop-debate-directly-from-slack (12.1.2017)

Wissensmanagement Forum (Hrsg. 2007): Praxishandbuch Wissensmanagement. Graz: Verlag der Technischen Universität Graz.

Wittenbrink, H. (2014): Medienkompetenz in der vernetzten Organisation. In: Richter, A. (Hrsg.): Vernetzte Organisation. Oldenbourg: De Gruyter, 55–68.

Das Wissen von heute auch morgen noch nutzen

Werner Herzog

HC Solutions GesmbH

werner.herzog@hcsolutions.com

1 Auswirkungen des Demographischen Wandels

In den kommenden Jahren wird der demografische Wandel viele Unternehmen vor große Herausforderungen stellen. Der Grund: Die Baby-Boomer-Generation, die bis Mitte der 1960er Jahre geboren wurde, kann um das Jahr 2020 in den Ruhestand gehen. Zu diesem Zeitpunkt wird jedes Unternehmen einen großen Know How-Verlust erfahren, sofern nicht rechtzeitig für den Erhalt des Wissens in den Unternehmen gesorgt wird. Entsprechend fundiertes Datenmaterial wird für Österreich vom Statistischen Zentralamt zur Verfügung gestellt. Siehe die nachstehende Bevölkerungspyramide und Bevölkerungsprognose:

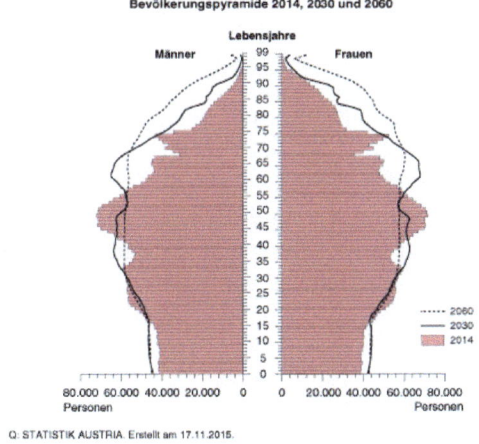

Abbildung 1: Bevölkerungspyramide 2014–2060
(Quelle: Statistik Austria Jahr: 2015)

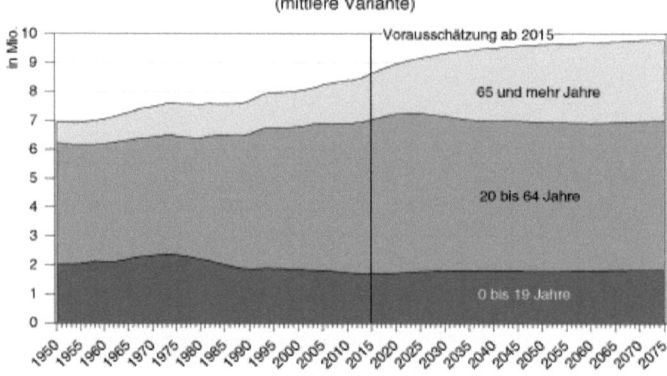

Abbildung 2: Altersgruppenverteilung 2014–2060,
(Quelle: Statistik Austria Jahr: 2015)

Dieser demografische Wandel erfordert neue Vorkehrungen und Tools im Bereich Wissensmanagement und Skills Transfer. Ein weiterer Aspekt ist, dass sich verwertbare Informationen immer stärker in firmenexternen Informationskanälen auffinden lassen. Als Beispiele sind externe Expertenforen, Opinion Leaders auf Twitter oder LinkedIN, bzw. spezialisierte Fachdatenbanken zu nennen. Das Extrahieren und Aufbereiten solcher externer Quellen ist oft zeitaufwendig und erfordert Spezialwissen. Das systematische Sammeln solcher relevanter Informationskanäle soll einfach und produktiv erfolgen können um von Routinetätigkeiten entlastet zu werden.

Aufgrund der Fülle an Informationen und möglicher Datenquellen bieten sich für diese Aufgaben intelligente Big Data Lösungen an. Semantische Analyse, Kollaboration, visuelle Aufbereitung für schnelles Erfassen sowie die Gewichtung von relevantem Wissen sind klare Voraussetzung. Diese Aspekte gewinnen im Zeitalter der Information eine immer größere Bedeutung, um mit Hilfe von Methoden der Wissensplanung, automatisierten Wissensgewinnung, -vermittlung und -verwendung Wettbewerbsvorteile zu generieren.

2 Wissensmanagement und Demographischer Wandel

2.1 Aufgaben des Wissensmanagements

Die klassischen Aufgaben des Wissensmanagements finden sich auch in der Betrachtung aus Sicht des demographischen Wandels wieder. Im Wesentlichen geht es um die Bereiche (in Anlehnung an Probst et al., 2006):

- Wissensidentifikation
- Wissensbewertung
- Wissenserwerb
- Wissensaufbereitung und –Verteilung
- Wissenstransfer

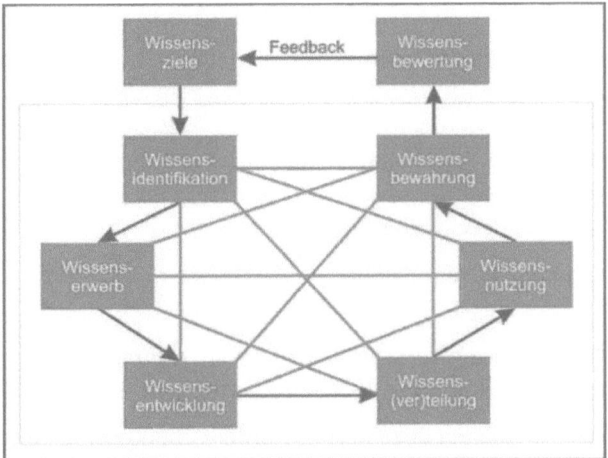

Abbildung 3: Kreislauf des Wissensmanagements (Quelle: Probst et al., 2006)

2.2 Unterstützung durch Knowledge Base Systeme

Diese Aufgaben des Wissensmanagements sind umfangreich und bedürfen einer ausgeklügelten Unterstützung z.B.: durch Big Data Knowledge-Based Systeme. Diese können dabei in den einzelnen Aufgabenbereichen wie folgt unterstützen:

Vorhandenes Wissen identifizieren: ist eine Art Bestandaufnahme. Sie gibt einen Überblick über das intern und extern vorhandene Wissen. Dieses umfasst sowohl das persönliche Wissen der einzelnen Mitarbeiter als auch das organisationale Wissen des Unternehmens. Das Wissensmanagement-System ermöglicht dabei:

- Der Benutzer kann Relevanzprofile anlegen und damit „Wissenskategorien" erstellen.
- Intelligente Systeme können das Benutzerverhalten mitverfolgen und aufzeichnen.
- Der Benutzer kann für ihn relevante Ergebnisse sowie wichtige Web- oder Workstation-Dokumente direkt auf Knopfdruck ablegen.

- Organisationales Wissen wird durch systematisches Erfassen von Dokumentablagen eingebracht, etwa über die Anbindung von File Systemen, operationalen Datenbank-Anwendungen, CRM Systemen, Firmen-Datenbanken oder externe Web-Feeds (z.B.: News Feeds, Twitter etc.).
- Unternehmensexterne Informationskanäle können auf einfachem Weg durch Customizing in solche Systeme eingebunden werden.

Wissen bewerten und bereinigen: Das prozess- und unternehmensrelevante Wissen wird in Wissensdomänen eingeteilt und es wird festgelegt, welchen Anteil welches Wissen zur Wertschöpfung und zum Unternehmenserfolg beiträgt. Diese Vorgaben werden regelmäßig mit den Zielen aus der Wissensstrategie abgeglichen. So wird deutlich, ob die Ziele erreicht wurden, welches Wissen ggf. gefördert werden muss und welches Wissen evtl. nicht mehr benötigt wird. Ein dafür geeignetes System

- enthält Funktionen zum Scoring von Wissensinhalten anhand von Relevanzprofilen,
- hilft über Benutzerverhalten, Häufigkeit von Zugriffen und explizite Benutzerratings das Scoring über die Zeit zu verbessern und zu verfeinern und
- bildet Wissensdomänen über Relevanzprofile und Knowledge Bases ab.

Wissen erwerben umfasst die Beschaffung des notwendigen Wissens bzw. der zugrunde liegenden Informationen. Voraussetzung dafür ist das Erkennen eines Wissensdefizits. Das zu erwerbende Wissen kann sowohl externer als auch interner Art sein.

Ansatzpunkte für die systematische Unterstützung sind hier:

- Wissenserfassung durch Machine Learning Algorithms und Big Data Ansätze erzielen eine Pre-qualifikation und Zuordnung von Informationen.
- Das Wissen sollte im Team zugänglich gemacht werden; dh. die Relevanzbildung und Aufbereitung kann im Team geteilt werden.
- Interne als auch externe Quellen (Social Media, Fachdatenbanken,…) bzw. anwendungsorientierte Wissensbasen werden eingebunden.

Wissen aufbereiten und transparent machen hat die Aufgabe, das vorhandene Wissen aus internen und externen Quellen in eine geeignete Form zu bringen und so darzustellen, dass es von den Wissensarbeitern genutzt werden kann. Der Hauptfokus liegt hier darauf, Nutzungsbarrieren abzubauen und so gering wie möglich zu halten und Zugang zu den Wissensträgern zu ermöglichen. Dies bedeutet für ein intelligentes Wissens-Tool:

- Das Visualisieren von Informationszusammenhängen erfolgt durch grafische Darstellung mit interaktiver Navigation.

- Die Indexierung / Volltextsuche / Anreicherung (Annotierung) von Suchabfragen ist eine integrierte Grundfunktion.
- Das Ranking von Such-Ergebnisse durch Relevanz-Scoring erfolgt im jeweiligen Anwendungs-Kontext (Themen bezogen, Benutzer bezogen).
- Das Sharing der Wissens-Pools kann im Team erfolgen.
- Das System unterstützt das Abbilden von Projekten.

Wissensanwendung fördern bedeutet die richtigen Systeme, Strukturen und Abläufe zu gewährleisten, die eine optimale Wissensnutzung zur Folge haben. Also über

- organisatorische Maßnahmen und
- User Akzeptanz durch gutes User Experience Design zu erreichen.

Wissen verteilen hat dafür zu sorgen, dass das Wissen bei Bedarf genau dort vorhanden ist, wo es gebraucht wird. Hierbei ist es wichtig Barrieren, die den Wissensaustausch behindern könnten, zu reduzieren oder zu überwinden. Wichtige Voraussetzung für die Aufgabe „Wissen teilen" ist, dass diese Funktion organisational verankert ist, dh. das unterstützende System soll Teams und Projekte führen können, die auch abteilungsübergreifend gebildet werden können.

Wissen bewahren: Hiermit ist die Sicherstellung der Wiederverwendbarkeit von Wissen gemeint. Das bedeutet, dass das Wissen der einzelnen Mitarbeiter und auch das organisationale Wissen so strukturiert und systematisch aufbereitet werden, dass sie für zukünftige Anforderungen zur Verfügung stehen:

- Es muss durch eine entsprechende skalierbare Systemarchitektur gewährleistet sein, große Datenmengen zu verarbeiten.
- Relevanzprofile können situativ jederzeit neu geschaffen werden.
- Eine längerfristige Nutzung steigert die Zuverlässigkeit und ermöglicht Trenderkennung durch entsprechende Visualisierungstechniken.

Wissenstransfer: Das Wissen muss im Unternehmen gehalten werden, das vorhandene Wissen gesammelt, aufgebaut und zielgerichtet weiterentwickelt werden. Voraussetzungen und Folgen sind:

- Eine konsequente Anwendung des Wissensmanagement-Tools im täglichen Betrieb.
- Die dahingehende Motivation der Mitarbeiter ist erforderlich.
- Das Schaffen einer breiten, etablierten Wissensbasis, dh. eine breite Anwendung über verschiedene Benutzergruppen ist erstrebenswert.

- Die Wissensbasis bildet damit die Grundlage für das on-boarding neuer Mitarbeiter.
- Ein Abbau von Wissensmonopolen durch transparente Zugriffsmöglichkeit wird erreicht.
- Projektbezogene Wissenssammlungen als „Erfahrungsschatz" werden gewonnen.
- Zugreifbarkeit soll organisations- und abteilungsübergreifend gewährleistet werden.

Aber nicht nur beim Ausscheiden von Mitarbeitern und der Einarbeitung der Nachfolger ist Wissenstransfer von großer Bedeutung. Heute geht es vielmehr auch um das Teilen und Nutzen von Wissen im Unternehmen allgemein. Das bezieht sich beispielsweise auf die Transparenz von Arbeitsabläufen, Prozessen, Funktionen und Aufgabengebieten. Besonders im Rahmen von Projektarbeit spielt Wissenstransfer eine große Rolle, zum Beispiel bei Projektabschluss oder einer Projektübergabe.

Ziel muss es heute sein, das personengebundene Wissen loszulösen und für die Arbeitsgruppe nutzbar zu machen. „Monopol"-Wissen kritischer Wissensträger sollte im Unternehmen vermieden werden.

3 Anwendungs-Beispiel eines Knowledge Based-Systems

HC Solutions beschäftigt sich seit ca. drei Jahren mit der Entwicklung und Einführung von Knowledge Based Systemen. Die Lösung „Tomo" adressiert die im Kapitel 2 beschriebenen Anforderungen und kann die Grundlage für Knowledge Management Projekte bilden.

3.1 Beispiel: Tomo Your Knowledge Base

Tomo kann aus verschiedensten Quellen Informationen sammeln, aufbereiten, ablegen und den Benutzern komfortabel zur Verfügung stellen. Die Gesamt übersicht findet sich im Architekturschaubild:

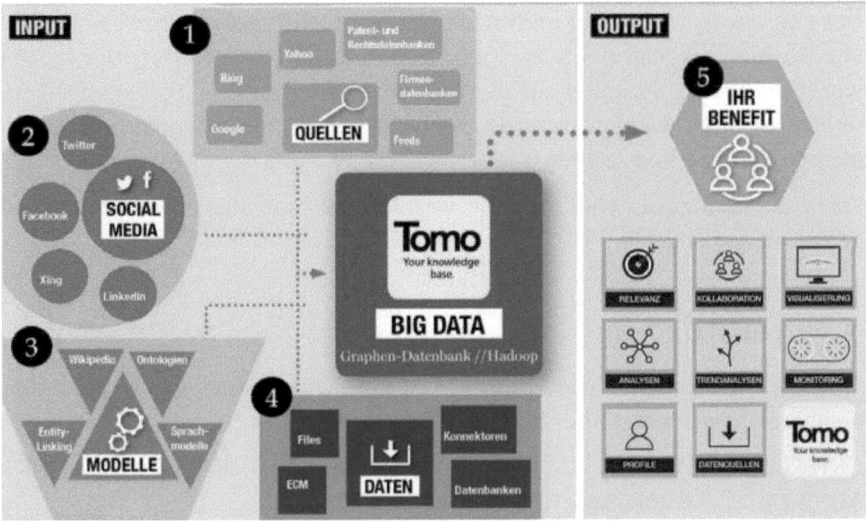

Abbildung 4: Tomo Systemarchitektur

Neben den vielfältigen Quellsystemen wie Suchmaschinen und Branchenportalen können hier auch Soziale Medien als Informationskanäle eingebunden werden (Twitter, Xing, Facebook usw.). Tomo enthält auch Anreicherungsfunktionen, die über konventionelle Suchmaschinen weit hinausgehen. Die Funktion des Entity Linkings mittles Modellen aus der Knowledge Base Wikipedia sei hier herausgehoben. Durch die skalierbare Big Data Engine ist die Basis keinen Beschränkungen hinsichtlich Wachstumsmöglichkeit unterworfen. Als Beispiel einer graphischen Navigation von Suchergebnissen sieht man die Clusterbildung einer einfachen Abfrage:

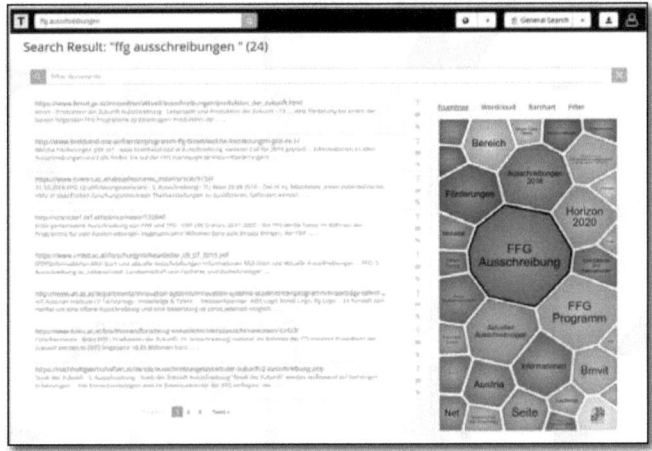

Abbildung 5: Abfrage Graphische Navigation

Der graphische Cluster auf der rechten Seite ist „interaktiv", dh. beim Clicken von Begriffen werden die Suchergebnisse im linken Teil gefiltert. Der Cluster wurde dynamisch aufgrund der Suchergebnisse erzeugt. Die Reihung der Trefferliste ist nicht wahlfrei, sondern vom aktivierten Relevanzprofil des eingeloggten Benutzers abgeleitet.

Tomo unterstützt als Werkzeug die wesentlichen Aufgabenbereiche des Wissensmanagements.

4 Literatur

Probst, G. / Raub, St. / Romhardt, K. (2006) : Wissen managen – Wie Unternehmen ihre wertvollste Ressource nutzen. Gabler

ÖSTERREICH ZAHLEN . DATEN . FAKTEN Herausgegeben von STATISTIK AUSTRIA, 11. Auflage STATISTIK AUSTRIA Wien 2016

https://www.statistik.at/web_de/services/oesterreich_zahlen_daten_fakten/index.html

Nichtwissen kontrolliert nutzen

Daniel Juling

Nichtwissen.com

Daniel.Juling@Nichtwissen.com

1 Einführung

Wie findet man Lösungen, die noch keiner gefunden hat? Wie kann sich ein Unternehmen in einer unberechenbaren, ungewissen, komplexen und mehrdeutigen Welt erfolgreich organisieren?

Da hilft weder Google, noch helfen Experten weiter. Doch Sie selbst können die Kompetenz entwickeln, um zuvor unbekannte, aber willkommene Lösungen für Ihren täglichen Gebrauch zu generieren. Keiner kennt die Zukunft. Doch durch Evolutionsorganisation können die Voraussetzungen für zukunftsfähige Unternehmen geschaffen werden. In diesem Text erfahren Sie WIE.

2 Passende Lösungen generieren

Der Kühlschrank ist voll für eine Woche und ich stelle die rhetorische Frage, was ich einkaufen soll. Ich war überrascht, als mein Sohn sagte: „Erdbeerjoghurt" und meine Partnerin sagte: „Salat". Anstatt die argumentative Keule zu schwingen, dass wir genug zu Essen haben für eine Woche – um mein WAS zu verteidigen – hielt ich inne und überlegte, WIE sie zu diesen Aussagen kommen konnten. Ich überlegte mir, welche *Unterscheidungen* sich hinter der Beobachtung von meinem Sohn, meiner Partnerin und mir verstecken:

Ich: Kühlschrank (<u>ausreichend Essen für eine Woche</u> | nicht ausreichend für eine Woche)

Sohn: Kühlschrank (gibt es, was mir schmeckt | <u>es gibt nichts, was mir schmeckt</u>)

Partnerin: Kühlschrank (gibt es etwas Frisches | <u>es gibt nichts Frisches</u>)

Mit dem Fokus darauf, WIE jemand beobachtet, eröffneten sich schlagartig neue Lösungsmöglichkeiten, die zuvor aus meiner WAS-Perspektive nicht zu erkennen waren. Schnell konnte ich die Lösung finden, die im Interesse aller war: Ich wies auf die gerade gereiften Erdbeeren im Garten hin. Die Idee, den Naturjoghurt im Kühlschrank mit frischen Erdbeeren anzureichern, stellte alle zufrieden.

Wer sich mit dem Thema Nichtwissen beschäftigt, tauscht die Aufregung um das richtige „WAS" gegen ein horizonterweiterndes „WIE". Das „WIE" eröffnet Ihnen den Nichtwissen-Raum zu passenderen Lösungen. Was ist der Nichtwissen-Raum? Was ist Nichtwissen?

3 Was ist Nichtwissen?

Abbildung 1: Der Nichtwissen-Raum ist der Raum der unbekannten Möglichkeiten.

Nichtwissen kann als die Unsicherheit gesehen werden, ob erwartete, denkbare oder unbekannte Möglichkeiten eintreten werden. Wir können Erwartungen aufbauen, die tollsten Fantasien entwickeln, doch wie sich die Zukunft letztendlich realisieren wird, kann keiner wissen. Wie wir denken und was wir erwarten ist gleichzeitig die Voraussetzung und das Hindernis bei der Kultivierung des Nichtwissen-Raums. *Der Nichtwissen-Raum ist der Raum der unbekannten Möglichkeiten. Der „Nichtwissen-Raum" ist als ein Objekt eingeführt.* Dagegen ist „Nichtwisssen" eine Zustandsbeschreibung. *Nichtwissen bezeichnet den aktuellen Zustand der Unsicherheit.* Wer versucht, durch das Festhalten an seinem Wissen und seinen Erwartungen, diese Unsicherheit abzubauen, ist sinnbildlich wie eine gebrannte Tonfigur. Er hält etwas aus. Doch wenn die Abweichungen von dem Erwarteten zu groß werden, bricht er wie eine Tonfigur, die einen zu starken Schlag abbekommen hat.

Dagegen ist die „Nutzung von Nichtwissen" ein Prozess. Das Sinnbild für die „Nutzung von Nichtwissen" ist das Formen eines knetbaren Tonklumpens. In folgendem Text werden Sie zusehen, wie andere diesen Tonklumpen formen. Sie sind eingeladen, verschiedene Herangehensweisen selbst auszuprobieren, um so die Kompetenz in der Nutzung des „Tonklumpens" zu gewinnen. *Bei der „kontrollierten Nutzung von Nichtwissen" geht es um die Schaffung von*

Rahmenbedingungen, die dafür sorgen, dass der Tonklumpen zu zuvor unbekannten, aber willkommenen Figuren geformt wird.

4 WIE nutze ich Nichtwissen?

4.1 Aus dem Nichtwissen kommt alles

„Brum Brum", das waren die Worte meines Sohnes, als er ein Jahr alt war und ein Auto oder Motorrad oder Traktor vorbei fuhr. Schnell lernte er die Unterscheidung zwischen den verschiedenen Fahrzeugenarten. Bald wusste er auch zwischen den Automarken Seat, BMW und Renault zu unterscheiden und diese zu bezeichnen. Nur durch die Einführung von immer weiteren Unterscheidungen eröffnete sich meinem Sohn seine Welt aus dem Nichtwissen-Raum.

Wer nichts unterscheidet, der kann nichts beobachten – der weiß nichts. Der Ursprung von allem fängt mit einer Unterscheidung an.

> *»Nichts« ist der Name für den Anfang von Himmel und Erde. »Sein« ist der Name für die Mutter aller Dinge. Darum will ich über das immerwährende Nichts aus diesem (Anfang) her sein Geheimnis erkunden, und ich will über das beständige Sein aus diesem (Muttersein) her seine Grenzen erkunden. Jetzt treten sie gepaart zusammen auf, aber unter verschiedenen Benennungen. Gemeinsam heißen sie »Ursprung«. (Laotse 400 v. Chr: 1.Teil 1):*

Laotse wählte die Unterscheidung (Nichts | Sein) als Startpunkt. Niklas Luhmann startet mit der Unterscheidung von (System | Umwelt) seine allgemeine Systemtheorie. Er wählte seine Unterscheidungen so, dass er die immer komplexer werdende Gesellschaft besser beobachten kann (Luhmann 1984). Ihnen ist es freigestellt zu entscheiden, ob die von Luhmann oder Laotse vorgeschlagenen Kombinationen an Unterscheidungen nützlich sind oder nicht. Sie können auch mit einer anderen Unterscheidung anfangen, z. B. mit (Wissen | Nichtwissen) oder selbst den Nichtwissen-Raum mit eigenen Unterscheidungen kultivieren. Sie sind eingeladen, dem Prinzip der Indikation zu folgen, um selber zu erfahren, wohin Sie das führt.

> *„Was man erzählt bekommt, kann man glauben oder lernen, aber nicht wissen. Wissen erlangt man allein durch eigene Erfahrung." (Felix Lau 2008: 24)*

4.1 Prinzip der Indikation

George Spencer Brown wendet sich gegen Gesetze und Definitionen als eine Methode für Wissenserwerb; er verwendet in seinem Buch „Laws of Form" das

Prinzip der Indikation an: Er gibt Anweisungen, denen man Folge leisten kann oder nicht. Wer einer Anweisung folgt, wird seine eigene Erfahrung machen und kann sein eigenes Wissen aufbauen. (Spencer Brown 1994)

Sie sind eingeladen, mit folgenden Unterscheidungen und Bezeichnungen zu beobachten. Wenn Sie sich auf dieses Spiel einlassen, werden Sie Ihre eigenen Erfahrungen machen und entsprechend Wissen aufbauen. (Hinweis: Für eine bessere Verständlichkeit wird in diesem Text auf die theoretisch exakte Formulierung verzichtet und eine vereinfachte Symbolik eingeführt und verwendet.)

Welt (Wissen | Nichtwissen): Im Kontext von der Welt unterscheide Wissen von Nichtwissen.

Welt (_Wissen_ | Nichtwissen): Unterscheide im Kontext Welt Wissen von Nichtwissen und beobachte Wissen.

Wie ändert sich Ihr Denken, wenn Sie Wissen mit der Unterscheidung zu Glaube oder Macht beobachten? (Wilke 2011: 36)

Welt (Wissen | _Nichtwissen_): Unterscheide im Kontext Welt Wissen von Nichtwissen und beobachte Nichtwissen.

Nun unterscheide Nichtwissen in (bekanntes Nichtwissen | unbekanntes Nichtwissen) und beobachte jeweils die eine oder andere Seite.

Auf der http://Nichtwissen.com gibt es weitere Unterscheidungen von Wissen und Nichtwissen. (Juling 2015)

4.2 Beobachter zweiter Ordnung

Haben Sie bei diesem Spiel der Unterscheidungen gemerkt, dass Sie immer nur eine Seite der Unterscheidung beobachten konnten? Es bedarf an Zeit, um von der Beobachtung der einen Seite auf die Beobachtung der anderen Seite zu wechseln. WAS beobachtet wird, passiert JETZT. Um zu erkennen, WIE ein Beobachter beobachtet, dass heißt, auf welche Unterscheidungen eine Beobachtung aufbaut, ist ein weiterer Beobachter notwendig.

Beobachter (Beobachter erster Ordnung | Beobachter zweiter Ordnung): Beobachter erster Ordnung beobachtet immer nur eine Seite der Unterscheidung (WAS). Beobachter zweiter Ordnung kann die verwendete Unterscheidung des Beobachters erster Ordnung beobachten, der Beobachter zweiter Ordnung kann damit erkennen, WIE der Beobachter erster Ordnung beobachtet.

In dem oben gebrachten Beispiel mit dem Kühlschrank haben Sohn, Partnerin und ich unsere Aufmerksamkeit immer nur auf eine Seite der Unterscheidung fokussiert. Es ist nur klar WAS (nicht-)beobachtet wird (ausreichend Essen, Erdbeerjoghurt, Frisches). Im Nichtwissen bleibt die andere Seite der Unterscheidung, welche die Voraussetzung der Beobachtung ist. Nur ein Beobachter zweiter Ordnung kann sehen und sagen, WIE ein Beobachter erster Ordnung beobachtet und kann dies dann thematisieren bzw. öffnet den Raum zu passenderen Lösungen. Wer seine eigene Beobachtung beobachtet, braucht Zeit, und es wird ein neuer blinder Fleck auftauchen. Doch es lohnt sich, sich diese Zeit zu nehmen, auch eigene Beobachtungen zu beobachten. Denn anstatt sich mit seiner eigenen „objektiven" Sicht durchzusetzen (Ich gehe nicht einkaufen, da der Kühlschrank voll ist.), eröffnet das Aufdecken von verwendeten Unterscheidungen einen zuvor unbekannten WIN-WIN-Lösungsraum. In diesem Fall brauche ich nicht einkaufen gehen, es gibt Erdbeerjoghurt und etwas Frisches, womit alle zufrieden sind.

4.3 Die Kompetenz entwickeln, den Nichtwissen-Raum zu nutzen

Kennen Sie festgefahrene Situationen? Ihr Gegenüber möchte Ihren gut durchdachten Vorschlag nicht annehmen, obwohl Sie es bereits mehrmals erklärt haben. Anstatt mit noch mehr Nachdruck oder mit größter rhetorischer Raffinesse zu erklären, versuchen Sie herauszufinden, WIE Ihr Gegenüber beobachtet und denkt. Sie werden verstehen, warum Ihr Gegenüber blockiert. Dieses Verständnis fühlt sich besser an, entspannt die Situation und neue Lösungsmöglichkeiten tauchen aus dem Nichtwissen-Raum auf.

Wer die Kompetenz zur Nutzung des Nichtwissens-Raums aufbauen möchte, braucht nur zu spielen:

Blinde-Flecken-Spiel: Beobachten Sie eine Diskussion über Politik. Welche Unterscheidungen stecken hinter dem, WAS jemand sagt? Was für Unterscheidungen tauchen da aus dem Nichtwissen-Raum auf? Erhöht sich dadurch das Verständnis, warum wer WAS beobachtet und argumentiert? Springen Sie in die Rolle eines Teilnehmers und überlegen Sie, wie Sie, einmal ohne dem Verständnis der dahinterliegenden Unterscheidungen, argumentieren würden und ein anderes mal mit dem Verständnis. Auf welche Situation werden Sie die gerade gemachte Erfahrung übertragen?

- Hiermit entwickeln Sie Ihre Kompetenz zur Entwicklung von *Lösungen*.

Kreatives Zerstörungsspiel: Experimentieren Sie mit der Verwendung von unterschiedlichen Unterscheidungen bei der Beobachtung derselben Person in einer bestimmten Situation:

schön | hässlich => wertschätzend | nicht wertschätzend

schlau | dumm => vertrauenswürdig | nicht vertrauenswürdig

Ausländer | Einheimischer => hilfsfähig | hilfsbedürftig

Was für einen Einfluss hat die Benutzung von anderen Unterscheidungen für die Beobachtung derselben Person in einer bestimmten Situation? Wie wäre die Welt, wo die Herkunft nicht mehr beobachtbar wäre, aber unser Handeln sich daran orientiert, wer hilfsfähig ist und wer hilfsbedürftig? Welche anderen Unterscheidungen könnten Sie sich konstruieren und verwenden? Welche Unterscheidungen halten Sie für passend für die selbe Person in der Situation?

- Hiermit entwickeln Sie die Kompetenz der *Modell*-Bildung.

Ausblendespiel: Beenden Sie Diskussionen, indem Sie kontextabhängig die Verwendung von Unterscheidung ins Nichtwissen schicken.

> *Fangen wir mit einem Beispiel an. Beim Orchester der Metropolitan Opera in New York gibt es weder Diskussionen über die Frauenquote, noch Diskriminierung durch die Unterscheidung (Frau | Mann). Sie schicken diese Unterscheidung einfach ins Nichtwissen, indem das Vorspielen für die Aufnahme in das Orchester hinter einem Vorhang stattfindet. Seit dem ist der Frauenanteil um das Fünffache gestiegen! (Gladwell 2005: 242)*

In welchen Kontexten halten Sie die Unterscheidung von (Frau | Mann) für sinnvoll, in welchen Kontexten halten Sie es für sinnvoll, die Unterscheidung von (Frau | Mann) ins Nichtwissen zu schicken? Finden Sie weitere Unterscheidungen, die Sie je nach Kontext verwenden oder nicht verwenden.

- Hiermit entwickeln Sie die Kompetenz der *Kontext*-Wahl.

4.4 Zusammenfassung von Nichtwissen nutzen

Durch die Wahl des *Kontextes* fokussieren Sie Ihre Aufmerksamkeit. Sie sind frei, für einen bestimmten *Kontext* ein *Modell* zu wählen oder es konstruktiv zu zerstören. Indem Sie selbst neue Unterscheidungen und Benennungen entdecken bzw. einführen, bekommen Sie Zugang zu einem *Lösungs*-Raum innerhalb des *Kontextes*, der zuvor ungenutzt im Nichtwissen-Raum lag. Durch Spielen mit dieser dreifachen Unterscheidung (*Kontext* | *Modell* | *Lösung*) bzw. dem Nachkommen der drei Anweisungen – *Begrenze, Modelliere und Probiere* – erwerben Sie sich die Kompetenz in der Nutzung des Nichtwissen-Raums. Doch wie wird Nichtwissen kontrolliert genutzt?

5 Was ist Kontrolle?

Unterscheide Kontrolle erster, zweiter und dritter Ordnung: Kontrolle (erster Ordnung | zweiter Ordnung | dritter Ordnung)

5.1 Kontrolle (erster Ordnung | zweiter Ordnung | dritter Ordnung)

Für die Kontrolle erster Ordnung bedarf es eines klaren Bezugspunktes, was als „richtig" festgelegt worden ist. Solange der vorgegebene Soll-Wert eingehalten bzw. erreicht wird, ist alles unter Kontrolle. Das Sinnbild für die Kontrolle erster Ordnung ist eine Maschine.

5.1.1 Maschine (Kontrolle | Kontrollverlust)

Eine Maschine ist unter Kontrolle, wenn eine Abweichung vom SOLL-Wert (WAS) innerhalb vertretbarer Zeit ausgeglichen wird (WIE).

5.1.2 Maschine (Kontrolle | Kontrollverlust)

Falsche Vorgabe (WAS): Eine Maschine verliert die Kontrolle, wenn sie beim Versuch, einen SOLL-Wert zu erreichen, sich selbst zerstört, da der SOLL-Wert über der Verträglichkeit der Maschine liegt.

Fehlende Kapazität (WIE): Eine Maschine hat die Kontrolle verloren, wenn ihre Kapazität nicht ausreicht, um den gewünschten SOLL-Wert zu erreichen.

> „Ökonomisch und auch menschlich gesehen geht es nicht so perfekt zu, wie das [Maschinen-]Modell es fordert." (Luhmann 1992: 205)

Deshalb werden im folgenden zwei weitere Modelle vorgestellt: die *Psychische Kohärenzregelung* und die *Transformatorische Kohärenzregelung*

5.2 Kontrolle (erster Ordnung | zweiter Ordnung | dritter Ordnung)

Bei der Kontrolle zweiter Ordnung geht es, wie bei der Kontrolle erster Ordnung, um die Minimierung der Differenz zwischen SOLL und IST. Jedoch kann diese Minimierung auch durch die Änderung von SOLL erfolgen. *Bei der Psychischen Kohärenzregelung können Sie trotz dem Nichtwissen über IST und SOLL die Kontrolle behalten!*

5.2.1 Die Psychische Kohärenzregelung (Weltbild | Irritation)

> *Das Bewusstsein wird als kohärent erlebt, obwohl im Gehirn eine sehr große Zahl von Operationen parallel ausgeführt werden. (Singer 2010: 102 ff)*

Wie kontrolliert sich ein Mensch selbst? Anstatt den Stand der Wissenschaft zu diesem Thema zusammenzufassen, wird im *Kontext* Mensch, das *Modell* der „Psychischen Kohärenzregelung" nach Daniel Juling modelliert und gedacht:

Unterscheide SOLL von IST. Im Kontext Mensch bezeichne SOLL als WELTBILD. Das WELTBILD ist der kohärente Zustand des psychischen Systems.

Im *Kontext* Mensch bezeichne die Differenz von SOLL und IST als IRRITATION. IRRITATIONEN können unsynchronisierte Prozesse im Gehirn sein, Erwartungsenttäuschungen, Überraschungen, neue Situationen, neue Informationen, neue Erlebnisse, Unterschied zwischen unterbewusstem und bewusstem Erleben etc.

Psychische Kohärenzregelung (Weltbild | Irritation)

Im *Kontext* Mensch (Kontrolle | Kontrollverlust) wurde das *Modell* als Unterscheidung und Bezeichnung (Weltbild | Irritation) bewusst so gewählt, da die Unterscheidung (SOLL-Weltbild | IST-Welt) nicht umsetzbar ist. Eine Maschine kann einen klar definierten Ausschnitt der Welt als Wert messen und daraus die Differenz berechnen. Dagegen überspringt der Mensch den Umweg über einen IST-Wert. Der Mensch ist besser in der Wahrnehmung von Differenzen als von absoluten IST-Werten. Es ist einfacher zu sagen, was heller oder dunkler ist, als die jeweils exakte Luxeinheit zu bestimmen. Des Weiteren ist die Welt an sich viel zu komplex, als dass sie von einem psychischen System intern dupliziert werden kann. Ein Wissen, wie die Welt an sich ist, ist weder möglich (Luhmann 1992: 170) noch notwendig! Eine Irritation entsteht, wenn etwas nicht in das eigene Weltbild passt. So gedacht, hat jede Person ihren eigenen persönlichen „Kompass", nach dem sie ihr Denken und Handeln ausrichtet. Abweichungen vom eigenen Weltbild müssen ausgehalten werden oder sind Anlass zur Kohärenzregelung. Das heißt, die Schlüssigkeit des eigenen Weltbildes wird wieder hergestellt. Das Weltbild ist die kohärente Ordnung aller vergangenen Erfahrungen eines Menschen. So bezeichnet lässt sich daraus schließen, dass ein Mensch mit seinem selbstreferenziellen und vergangenheitsabhängigen psychischen System in einer komplexen unübersichtlichen Welt sich selbst reguliert, indem er seine IRRITATIONEN reduziert. Wie machen wir das?

5.2.1.1 Kontrollarten (Wissen | Lernen)

Im Kontext der Psychischen Kohärenzregelung können Irritationen durch WISSEN und LERNEN verkleinert werden.

WISSEN: Trotz Irritationen wird am bestehenden Wissen festgehalten. Das heißt, das eigene Weltbild wird beibehalten. Irritationen können einfach ausgeblendet werden. Die Verantwortung der Irritation kann auf andere abgeschoben werden bzw. es wird das eigene Weltbild mit Gewalt durchgesetzt. Bei der menschlichen Selbststeuerung auf Basis von Wissen findet KEIN Lernen statt, schützt aber die Person vor Überforderung. => Für die Minimierung der Differenz von SOLL und IST wird IST (die Irritation) ausgeblendet, verfälscht, uminterpretiert, etc.

LERNEN: Irritationen werden so in das Weltbild integriert, dass die Kohärenz wieder hergestellt ist. Das heißt der Mensch lernt. => Für die Minimierung der Differenz von SOLL und IST wird das SOLL (das Weltbild) geändert.

Es bedarf keinerlei faktischen Wissens über die Welt, denn solange Sie in der Lage sind, Irritationen abzuweisen (eigenes Wissen beibehalten) oder in das eigene Weltbild zu integrieren (Lernen) haben Sie sich, nach dem Modell der Psychischen Kohärenzregelung, selbst unter Kontrolle.

5.2.1.2 Mensch (<u>Kontrolle</u> | Kontrollverlust)

WISSEN: Ein Navigationsgerät bringt einen alten Mann an den falschen Ort. Er schimpft: „Früher war alles besser. Blöde Technik!" Ab diesen Tag verwendet er kein Navigationsgerät mehr. Dem alten Mann ist es möglich, sein aktuelles Weltbild beizubehalten, in dem er sich nicht für die Irritationen verantwortlich fühlt. Indem er sich der Situation entziehen kann, die bei ihm Irritation verursacht, stellt er die Kohärenz seines Weltbildes wieder her. Es wird am aktuellen Wissensstand festgehalten. Die Möglichkeit des Lernens beleibt ungenutzt. Da auf der einen Seite die Lernkapazität eines Menschen begrenzt ist, auf deren anderen Seite unendlich viele Irritationen möglich sind, ist das Ausblenden, Übergehen, nicht Wahrnehmen von Irritationen ein lebensnotwendiger Mechanismus.

LERNEN: Ein Navigationsgerät bringt einen alten Mann an den falschen Ort. Er ist irritiert und möchte verstehen, WIE das passieren konnte. Er findet es heraus und lernt, was er das nächste Mal mit berücksichtigen muss, damit er nicht den selben Fehler wieder macht. Durch den Einbau der Irritation in das Weltbild ist die Kohärenz wieder hergestellt. Es wurde gelernt.

Wann reagieren Sie auf Irritationen mit Wissen und wann mit Lernen? Was irritiert Sie nicht, aber andere? Warum?

5.2.1.3 Mensch (Kontrolle | <u>Kontrollverlust</u>)

Im *Kontext* der eingeführten Unterscheidungen wird menschlicher Kontrollverlust als fehlende Kompetenz im Abbau von Irritationen gedacht. Dabei werden Irritationen zu einem unangenehm empfundenen Dauerzustand. Beispiele:

- „Falsches" Weltbild (WAS): Wenn Sie sich selbst zu hohe und unerreichbare Erwartungen setzen.
- Fehlende Kompetenzen in der Umsetzung (WIE): Eine Person hat das Bedürfnis nach Liebe und Annahme, schimpft jedoch über alle anderen Menschen und vermeidet den Kontakt.

5.2.2 Erleben Sie die „Psychische Kohärenzregelung"

Wer eine Gummi-Hand bei dem Gummihand-Illusions-Experiment als seine eigene erlebt hat, weiß, wie gut das Gehirn kohärente Bewusstseinserlebnisse herstellt. (Metzinger 2010: 114 ff)

Beim Gummihand-Illusion-Experiment schauen Sie auf eine Gummihand, während Ihre echte Hand verdeckt ist. Echte und Gummi-Hand werden gleichzeitig und synchron mit einem Pinsel stimuliert. Wer das Gummihand-Illusion-Experiment macht, wird die Psychische Kohärenzregelung dreifach erfahren:

1. Ihr Unterbewusstsein wird aus den visuellen und taktilen Sinneseindrücken ein aus der Perspektive des Unterbewusstsein kohärentes Erleben zusammen fügen: Sie spüren die Gummihand als Ihre eigene Hand.
2. Das Erleben der Gummihand wird von Ihrem Bewusstsein als Irritation wahrgenommen, da dieses Erleben nicht in Ihr Weltbild passt. Sie werden sich fragen: „Wie kann es sein, dass ich diese Gummihand als meine eigene Hand erlebe?" Sie können nun mit Wissen (Irritation übergehen) oder mit Lernen (Weltbild erweitern) auf diese Irritation reagieren, um die Kohärenz Ihres Weltbildes herzustellen.
3. Doch nur, wenn Ihr bewusstes Weltbild mit dem Erlebten als kohärent erfahren wird, wird Sie das Erleben einer „eigenen" Gummihand nicht mehr irritieren.

Sie haben jetzt drei Ebenen der Psychischen Kohärenzregelung erlebt:

- auf der Ebene des Unterbewusstseins, als kohärentes Erleben
- auf der Ebene des Bewusstseins, als Irritation
- die dritte Ebene als Differenz zwischen der Ebene des Unterbewusstseins und der Ebene des Bewusstseins

5.3 Kontrolle (erster Ordnung | zweiter Ordnung | dritter Ordnung)

Bei der Kontrolle dritter Ordnung geht es, wie bei der Kontrolle zweiter Ordnung, um die Minimierung der Differenz zwischen SOLL und IST, *jedoch findet diese Minimierung der Differenz außerhalb des eigenen Einflussbereichs statt.*

Die Bezeichnung der drei Kontrollarten können abhängig vom gewählten Kontext angepasst werden. Damit wird die kontrollierte Nutzung von Nichtwissen in Organisationen, in Netzwerken und in der Gesellschaft denkbar. Zum Beispiel im Kontext einer Organisation: Kontrolle in Organsiation (Organisation | Selbstorganisation | Evolutionsorganisation)

Bei der Kontrolle erster Ordnung geht es um die *Organisation* zur Erreichung eines vorab definierten SOLL. Die Kontrolle zweiter Ordnung kann als *Selbstorganisation* bezeichnet werden, da sie sich auf sich selbst bezieht. Bei der Kontrolle dritter Ordnung werden auch externe Reglungseffekte eingebunden, die innerhalb eines extra dafür geschaffenen Rahmens in der Form von Evolutionsmechanismen stattfindet. Deshalb wird die Kontrolle dritter Ordnung im Kontext von Organisation zur Differenzierung zur Selbstorganisation als *Evolutionsorganisation* bezeichnet. Durch diese Differenzierung tauchen neue Lösungsansätze aus dem Raum des Nichtwissens auf.

6 Nichtwissen kontrolliert nutzen

Wir wenden nun die dreifache Unterscheidung (*Kontext | Modell | Lösung*) praktisch an und vergleichen dabei die Kontrollarten erster, zweiter und dritter Ordnung.

6.1 Begrenze und Modelliere

Kontext: Im ersten Schritt wird ein klar umrissener *Kontext* festgelegt: Die Transformation eines Unternehmens mit mehr als 500 Mitarbeitern in der VUCA-Welt. VUCA steht für volatility, uncertainty, complexity, ambiguity, auf Deutsch (einer) unberechenbaren, ungewissen, komplexen und mehrdeutigen Welt. Was nicht zum Kontext gehört, verschwindet im Nichtwissen – z.B. wird <u>nicht</u> behandelt, wie sich ein Unternehmen bei konstanter Umwelt selbst steuert. Sie kontrollieren damit Ihren Fokus.

Modell: Im zweiten Schritt wird das zu verwendende *Modell* der Transformatorischen Kohärenzregelung (Programm | Irritation) festgelegt:

Unterscheide SOLL von IST. Im Kontext der Transformation eines Unternehmens mit mehr als 500 Mitarbeitern in der VUCA-Welt bezeichne SOLL als PROGRAMM. Ein PROGRAMM beinhaltet die Erwartungen eines Unternehmens oder Teile des Unternehmens für „richtiges" Handeln im Sinne des Unternehmens. Ein Programm kann aus einer beliebigen Kombination von bewussten und unbewussten Erwartungen der Mitarbeiter, mündlichen Absprachen, Zielvorgaben, Wertekanon, schriftlichen Fixierungen (Qualitätshandbuch) und IT-Strukturen bestehen.

Im Kontext der Transformation eines Unternehmens mit mehr als 500 Mitarbeitern in einer VUCA-Welt bezeichne die Differenz von SOLL und IST als IRRITATION. IRRITATIONEN können Ergebnisse und Geschehnisse sein, die vom PROGRAMM abweichen. Es handelt sich dabei um Erwartungsenttäuschungen, Regelverstöße und Zielverfehlungen.

Lösung: Im dritten Schritt werden die Kontrollarten erster, zweiter und dritter Ordnung verglichen. Sie werden dabei Ihre eigenen Lösungsanätze und Lösungen finden.

Abbildung 2: Nichtwissen kontrolliert nutzen am Beispiel der Transformatorischen Kohärenzregelung eines Unternehmens mit mehr als 500 Mitarbeitern in der VUCA-Welt.

6.2 Probiere

Nun spielen wir diese drei Kontrollarten (erster Ordnung | zweiter Ordnung | dritter Ordnung) mit dem *Modell* (Programm | Irritation) im *Kontext* „Transformation eines Unternehmens mit mehr als 500 Mitarbeitern in der VUCA-Welt" durch. Dabei orientiert sich die Transformatorische Kohärenzregelung an der Kohärenz zwischen dem Programm der Organisation und den Ergebnissen und Geschehnissen.

6.2.1 Kontrolle erster Ordnung (Organisation): Macht

Eine Transformation auf der Basis von Macht bedeutet, dass Irritationen auf dem Weg zu einem vorab festgelegten SOLL-Unternehmen (Programm) abgestellt, ausgeblendet bzw. übergangen werden.

> „Heroische Führung besteht darin, sich diese Arbeit einer postheroischen Führung zu ersparen und stattdessen eine Idee, ein Ziel, einen Angriff an die Stelle dieser Arbeit zu setzen, um mit diesem einen Ansatz entweder zu triumphieren oder unterzugehen. Heroische Führung bietet nicht nur den Vorteil der Arbeitsersparnis, sondern auch den Vorteil, Recht behalten zu können. Im Fall des Triumphs liegt das auf der Hand, im Fall des Untergangs scheiterte man am Unverständnis der Welt oder an der Inkompetenz der Mitarbeiter." (Baecker 2015: 1)

Zum Beispiel: Ein Berater vergleicht ein externes SOLL-Programm (Reifegradmodelle, Muster-Unternehmen, IT-Strukturen, Prozessmodelle, Bibliotheken, ...) mit dem aktuellen Programm einer Organisation und stellt eine Differenz fest. Ist dieser Berater überzeugend in seiner Argumentation, wird er beauftragt und führt den Change zum SOLL-Programm mit der Rückendeckung der Machtträger der Firma durch. Die Gründe, warum das aktuelle Programm einer Firma so ist wie es ist, bleiben dabei oft unberücksichtigt. Die Erfahrungen und die Widerstände der Mitarbeiter werden übergangen. Selbst wenn alle Widerstände überwunden, alle Abweichungen ausgeglichen sind und das SOLL-Unternehmen realisiert ist, gibt es keine Garantie dafür, dass dieser Change das Unternehmen erfolgreicher gemacht hat.

Es können sicherlich viele Fallbeispiele gefunden werden, bei denen der Change zu einem vorab eindeutig definierten SOLL-Unternehmen das Unternehmen erfolgreicher gemacht hat. Genauso können Fälle gefunden werden, bei denen diese Art von Change das Unternehmen am Markt geschwächt hat. Sie können für eine Seite Partei ergreifen und gute Beispiele finden. Doch Faktum ist, dass keiner vorab wissen kann:

- Wie viel Widerstand auf dem Weg zu einem SOLL-Unternehmen auftreten wird.
- Ob das SOLL-Unternehmen überhaupt erreicht wird.
- Ob damit der Erfolg, selbst wenn das SOLL-Unternehmen umgesetzt worden ist, im Sinne des Unternehmens, der Mitarbeiter, der Gesellschaft, größer geworden ist.

6.2.2 Kontrolle zweiter Ordnung (Selbstorganisation): Vereinbarung

Eine Transformation auf der Basis von Vereinbarung bedeutet, dass Irritationen von Mitarbeitern, Lieferanten und Kunden durch Wissen gelöst bzw. durch Lernen in das Programm so eingebunden werden, dass die Irritationen weniger werden oder ganz verschwinden. Ein paar Spielarten:

Scrum-Ansatz (WAS): Das große Transformationsprojekt zu einem SOLL-Unternehmen wird beim Scrum-Ansatz in mehrere Sprints unterteilt, die aufeinander aufbauen. Vor jedem Sprint wird vereinbart, WAS am Ende des Sprints erreicht werden soll. WIE es umgesetzt wird, liegt in der Verantwortung des Umsetzungsteams. Nach jedem Sprint, wird das Ergebnis mit dem „Kunden" bewertet. Dieses Feedback fließt in die Planung des nächsten Sprints ein. Auf diese Weise können neue Erkenntnisse Einfluss auf das Etappenziel des nächstens Sprintes nehmen. Anstatt nur einmal für den gesamten Change zu vereinbaren, WAS bis wann zu erreichen ist, wird mehrmals für einen kürzeren Zeitabschnitt vereinbart, was zu erreichen ist. Durch die iterative Herangehensweise werden Irritationen durch mehrmalige Anpassung des Teil-Programmes, WAS zu erreichen ist, klein gehalten. Die Transformation mit dem Scrum-Ansatz führt normalerweise zu leicht, selten zu ganz anderen Ergebnissen im Vergleich zu dem vorab geplanten Ergebnis eines SOLL-Unternehmens.

DesignThinking-/Werteorientierte Ansätze (WIE): Das Programm legt fest, WIE vorgegangen wird. Das genaue Ergebnis der Transformation bleibt jedoch offen. Das Programm kann aus Prozessbeschreibungen oder einen Wertekanon bestehen.

Vereinbarungsmanagement (Balance aus WAS und WIE): Das Vereinbarungsmanagement ermöglicht eine Balance zwischen dem WAS und WIE. Dabei wird die Transformation nicht als Projekt behandelt, das irgendwann abgeschlossen ist, sondern die Transformation wird als ein Dauerzustand angesehen. Deshalb wird die Transformation so gestaltet, dass neue Erkenntnisse zur Minimierung von Irritationen zeitnah in das Programm des Unternehmens eingearbeitet werden können.

6.2.3 Kontrolle dritter Ordnung (Evolutionsorganisation): Schnelle Evolution

Bei der kontrollierten Nutzung von Nichtwissen geht es um Schaffung von *Rahmenbedingungen*, innerhalb derer es zu einer Schnellen Evolution kommt.

> *„Das Tempo der Evolution nimmt zu in dem Maße, als Variationsmechanismen unabhängig von Selektionsmechanismen und Selektionsmechanismen unabhängig von Stabilisierungsmechanismen institutionalisiert sind." (Luhmann 1991: 152)*

EVOLUTION	keine	langsame	Schnelle
Beispiel	Innovationsworkshop	Natürliche Evolution	App Store
Variation	Ideen	Änderung	Variationspool
Selektion	„gute" Ideen: „schlechte" Ideen bekommen keine Chance	Überleben: Was ausgestorben ist, ist verloren.	Benutzung: Variationspool wird durch die Selektion NICHT reduziert
Stabilisierung	„gute" Ideen verwirklichen	Weitergeben	Höhere Wahrscheinlichkeit der Wiederbenutzung
Mechanismus	Selber/ gemeinsam Entscheiden	Es passiert von selbst	Entscheiden lassen
Vorteil	Gewünschte Zukunft als Orientierungspunkt möglich	Funktioniert von selbst	Produziert zuvor unbekannte, aber willkommene Lösungen
Nachteil	Gefahr von Fehlentscheidungen	„teurer" destruktiver Prozess	Bedarf künstlicher Rahmenbedingungen
Sinnbild	Trichter	Dinosaurier	getrennte Ebenen

Tabelle 1: Vergleich verschiedener Evolutionsarten

Niklas Luhmann zeigt die Mechanismen auf, warum die Evolution von der primitiven Gesellschaft zur modernen Gesellschaft immer schneller wird. Es ist unter anderem die Trennung von Variation, Selektion und Stabilisierung. Dieser *Effekt, der durch diese Trennung* entsteht, soll nun zur Beschleunigung der Transformation von Unternehmen genutzt werden. Dafür wird von „selber Entscheiden" auf „Entscheiden lassen" umgestellt. Der Ansatz der Schnellen Evolution kann in verschiedenen Varianten gespielt werden:

- Schnelle Evolution innerhalb einer IT-Struktur
- Schnelle Evolution einer IT-Struktur
- Schnelle Evolution des Unternehmens

Diese Varianten können über IT-Systeme umgesetzt werden – dem Kommunikationsmedium der nächsten Gesellschaft: die Computergesellschaft mit ihrem Computer und ihren Vernetzungen. (Baecker 2007)

IT-Systeme strukturieren Kommunikationswege dort, wo die Teilnehmer dem Programm in Form von IT-Strukturen unterliegen. IT-Benutzer können innerhalb eines IT-Systems nur das machen, was die IT-Struktur erlaubt.

Ein PROGRAMM ist nicht nur auf die Erwartungen eines Unternehmens für „richtiges" Handeln im Sinne des Unternehmens beschränkt, sondern ein Programm kann von jedem mit ausreichender IT-Kompetenz in Form von IT-Struktur angeboten werden. Ein Beispiel:

Der von dem Deutschen Christoph Jentzsch geschriebene Code „The DAO" hat im Mai 2016 innerhalb von nur vier Wochen über 150 Millionen US Dollar von mehr als 11.000 Personen eingesammelt! DAO steht für Decentralized Autonomous Organisation. Es gibt keine Mitarbeiter, nur Anteilseigner. Das Programm dieser autonomen und automatisierten Organisation steht als IT-Struktur – als Regeln im Code – unveränderbar fest. Wer als Anteilseigner mitmacht, akzeptiert automatisch das Programm. Das Programm legt fest, wie Verträge geschlossen werden, wie Entscheidungen getroffen werden, wie die Stimmrechte in Abhängigkeit von den Einlagen der Anteilseigner verteilt sind, und was passiert, wenn keine Vereinbarung gefunden wird. (The DAO 2016)

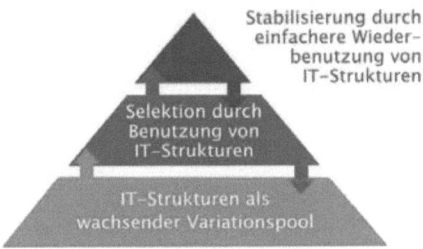

Abbildung 3: Schnelle Evolution durch entkoppelte IT-Strukturen

Variation: Jeder mit ausreichenden IT-Kompetenzen kann Programme in Form von IT-Strukturen anbieten.

Selektion: Jedem ist es freigestellt, zu entscheiden, welche für ihn zugängliche IT-Strukturen er nutzen möchte.

Stabilisierung: IT-Strukturen, die benutzt werden, stabilisieren sich gegenüber jenen, die nicht benutzt werden.

Der Wechsel zwischen den Programmen in Form von IT-Struktur dauert nur noch die Zeit eines Mausklicks. Die steigende Zahl an IT-Strukturen von Einzelpersonen, Teams, Unternehmen und der einfache Wechsel hat die Evolutionsgeschwindigkeit und das Nichtwissen, was die Zukunft bringen wird, signifikant erhöht. Die entscheidende Frage für das Überleben eines Unternehmens in der VUCA-Welt ist: „Wie bekommt man bei unbekannter Richtung eine passende Unternehmenstransformation hin?"

6.2.3.1 Schnelle Evolution innerhalb einer IT-Struktur

IT-Systeme eines Unternehmens müssen nicht auf die Angestellten des Unternehmens beschränkt sein, sondern können von allen genutzt werden, für die der Zugang gewährt wird. Auf diese Weise lernt die Organisation nicht nur schneller und kostengünstiger, was z.B. am Markt ankommt, sondern kann den Ansatz „Schnelle Evolution innerhalb einer IT-Struktur" zu einer eigenen Wertschöpfungskette werden lassen. Das Unternehmen muss dafür die *Rahmenbedingungen* so gestalten, dass:

- externe Teilnehmer die IT-Struktur eigenmotiviert nutzen,
- Variation, Selektion und Stabilisierung getrennt sind und
- der Evolutionsprozess mit einem gewünschten Nebeneffekt gekoppelt ist.

Beispiel aus der Praxis: Auf dem Apple Store dürfen qualifizierte Programmierer ihre Apps anbieten (wachsender Variationspool). Käufer entscheiden, für welche Apps sie bereit sind, Geld zu zahlen (Selektion). Erfolgreiche Apps erscheinen in den Hitlisten weiter oben bzw. befinden sich auf dem Device des Käufers, was die Wiederbenutzung wahrscheinlich macht (Stabilisierung). Der Apple Store als Rahmenbedingung nutzt kontrolliert das Nichtwissen, welche Apps es überhaupt geben wird bzw. welche Apps erfolgreich sein werden, indem die Nutzung der Apps mit einem Zahlungssystem gekoppelt ist.

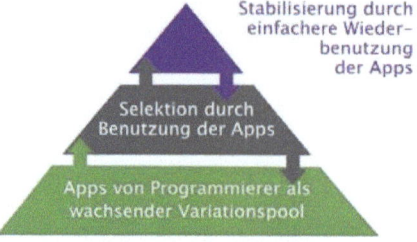

Abbildung 4: Schnelle Evolution dank dem Programm am Beispiel Apps im Apple Store

6.2.3.2 Schnelle Evolution einer IT-Struktur

Die Existenz eines Unternehmens mit mehr als 500 Mitarbeitern ist Beweis genug, dass dieses Unternehmen einiges richtig gemacht hat, sonst würde es nicht bestehen. Eine komplette Änderung des Programmes von einem Tag auf den anderen ist in der VUCA-Welt mindestens so gefährlich, wie das Festhalten an dem Erfolgs-Programm. Beides ist wie eine Wette auf eine Option. Start-ups können als eine Wette auf eine Option gesehen werden. Dort ist Revolution am richtigen Platz. Anstatt ein großes Unternehmen von einem Tag auf den anderen zu revolutionieren, bedarf es einer passenden Transformation, umgesetzt durch die passende Balance aus Struktur und Agilität. Der ideale Balancepunkt ist vom jeweiligen Kontext abhängig. Schnell wachsende Start-ups brauchen normalerweise mehr Struktur, und große Konzerne brauchen mehr Agilität.

IT-Strukturen sorgen für Stabilität und Kontrolle erster Ordnung. Die IT-Struktur stellt sicher, dass Teile eines Programmes auch den gelebten Prozessen entspricht. Agil ist ein Unternehmen, wenn es direkt neue Erkenntnisse nutzen kann. Agil und effizient ist ein Unternehmen, wenn es direkt neue Erkenntnisse nutzt und diese direkt in das Programm aufnimmt. *Ein Unternehmen mit tatsachengesteuerten IT-Strukturen ist agil und effizient.*

Ein Unternehmen mit mehr als 500 Mitarbeitern, das die IT-Struktur als Schnelle Evolution organisiert, ist anpassungsfähiger als eines, bei dem die IT-Abteilung alle Wünsche von den vielen IT-Benutzern und Verantwortlichen inhaltlich prüfen, aus der Perspektive des Geschäftes verstehen und umsetzen muss. Schneller geht es, wenn die Entstehung und Verbesserung der IT-Struktur durch die jeweiligen lokalen Experten entschieden wird und umgesetzt werden kann und wird. Das bedeutet, dass die IT-Abteilung nur die *Rahmenbedingungen* schafft, mit denen eine Schnelle Evolution der IT-Struktur möglich wird. Damit gibt es eine Trennung von Variation, Selektion und Stabilisierung innerhalb der Entstehung und Verbesserung von einer IT-Struktur. Den Prozessverantwortlichen, Fachabteilungen, Mitarbeitern ist es überlassen, selbstständig ihre IT-Struktur der Zusammenarbeit zu verbessern und neue Wertschöpfungsketten einzuführen. Das Programm des Unternehmens besteht aus verschiedenen Teil-Programmen. Die Umwandlung eines Teil-Programms in IT-Struktur wird von den jeweiligen Prozessverantwortlichen umgesetzt. Dies geht heute ohne Programmierkenntnisse (Stabilisierung). Benutzer können bei Bedarf ad-hoc Ausnahmen innerhalb der aktuellen IT-Struktur starten (Selektion) und können so schnell auf Überraschungen reagieren (Variation). Welche dieser Ausnahmen in das Teil-Programm bzw. die IT-Struktur übernommen und so zum Standard werden, wird vom Prozessverantwortlichen entschieden und umgesetzt (Stabilisierung).

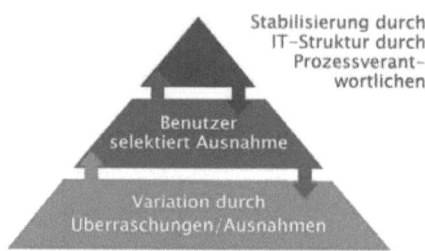

Abbildung 5: Schnelle Evolution der IT-Struktur durch die Befähigung des IT-Benutzers, auf Überraschungen und Ausnahmen innerhalb des IT-Systems reagieren zu können.

Ein Beispiel aus der Praxis:

Die IT-Abteilung eines internationalen Automobilzulieferers hat ein Softwareprogramm installiert und mit verschiedenen IT-Systemen (SAP und SharePoint) der verschiedenen Niederlassungen und externen Partner über Schnittstellen punktuell verbunden. Damit wurde innerhalb von Tagen auf Basis der aktuellen IT-Systeme eine weitere Ebene eingeführt, die eine Schnelle Evolution der IT-Struktur ermöglicht. Der Prozessverantwortliche als Fachexperte kann nun innerhalb von Minuten – ohne IT-Expertise -, mit einem einfachen Importvorgang ein vereinbartes Teil-Programm in IT-Struktur umwandeln (Stabilisierung). Lokale Experten wurden immer wieder von neuen Situationen überrascht bzw. hatten neue Anfragen und Erkenntnisse (Variation). Nach Bedarf konnten die IT-Benutzer – rollenabhängig – ad-hoc Ausnahmen innerhalb der aktuellen IT-Struktur ausführen (Selektion). Mit dem Prozessverantwortlichen wurde einmal pro Woche vereinbart, welche dieser Abweichungen als neuer Standard in die IT-Struktur aufgenommen werden und welche nicht (Stabilisierung).

Mitarbeiter, Kunden und Lieferanten eines gemeinsamen Workflows loggen sich einfach mit Ihrem Benutzernamen über den Webbrowser in die Software ein und sehen bei immer aktuellem Vereinbarungsmodell, welche Aufgabe sie bis wann zu erledigen haben. Alle Beteiligten haben dabei immer den gleichen Informationsstand. Der Prozessmanager sieht über den Monitoring-Client den Stand aller laufenden Aktionen in Echtzeit! Engpässe und Schwachstellen können vorab erkannt und durch entsprechende Maßnahmen vermieden werden. Vor dieser Umstellung waren die Geschäftsführer oft mit großen Irritationen konfrontiert. Heute werden kleine Irritationen frühzeitig von lokalen Experten entdeckt, thematisiert und direkt gelöst. Alle Investitionen für diese Schnelle Evolution der IT-Struktur der Zusammenarbeit waren in weniger als einem halben Jahr amortisiert.

Anstatt fixe IT-Strukturen in Form einer branchenüblichen Softwarelösung einzuführen, an die sich die Wertschöpfungsketten und IT-Benutzer anpassen müssen, *liegt bei der Schnellen Evolution die zukünftige IT-Struktur im Nichtwissen.*

Vorgehen und Rahmenbedingungen für eine tatsachengesteuerte IT-Struktur:

- *Verantwortlichkeiten*: Es gibt eine klare Trennung der Verantwortlichkeiten in Geschäftsführung, IT-Abteilung, Prozessverantwortliche und unterschiedliche Rollen der IT-Benutzer.
- *Pilotprojekt*: Die *Geschäftsführung* braucht im ersten Schritt nur die Erlaubnis für ein Pilotprojekt zu geben. Das Pilotprojekt schafft innerhalb von Wochen kostengünstig Fakten. Diese werden als Entscheidungsbasis verwendet, um festzulegen, welche weiteren Teil-Programme, nach und nach, als tatsachengesteuerte IT-Struktur umgesetzt werden sollen.
- *Rahmenbedingung*: Die *IT-Abteilung* installiert die notwendige Software auf Ihrem Server und stellt – wenn nötig – die Schnittstellen zu bestehenden IT-Systemen her.
- *IT-Struktur*: Der *Prozessverantwortliche* verwandelt Teil-Programme, in Form eines Prozessmodells mit einem einfachen Importvorgang in IT-Struktur um. Dank der Struktur der Zusammenarbeit weiß jeder, was vereinbart ist und erwartet wird (Kontrolle erster Ordnung).
- *Neue Tatsache*: Die IT-Benutzer (Schwarz – siehe Abbildung 6) können rollenabhängig innerhalb der IT-Struktur (Lila Rahmen) auf Änderungen und Überraschungen (Grüne Pfeile) reagieren und Ausnahmen ausführen (Kontrolle dritter Ordnung).

Abbildung 6: Der Prozessverantwortliche kann zeitnah Ausnahmen zum Teil-Programm machen, indem er diese in die IT-Struktur integriert.

- *Kontinuierlicher Verbesserungsprozess*: Der Prozessverantwortliche (Lila Mann) entscheidet, welche von dem IT-Benutzer selektierten Ausnahmen in das Teil-Programm (Lila Rechtecke) und in die aktuelle IT-Struktur der

Zusammenarbeit (Lila Rechteck mit Linien) übernommen wird. (Kontrolle zweiter Ordnung)

- *Reporting*: Es können beliebige Fakten der verschiedenen Entwicklungsstufen der IT-Struktur miteinander verglichen werden. Mit einem Importvorgang kann eine bestimmte Entwicklungstufe wieder eingespielt werden. So bekommen Sie Kontrolle über das Nichtwissen, welche Iteration des Teil-Programms die größte Wertschöpfung bzw. Effizienz hat.

Die Schnelle Evolution ermöglicht eine tatsachengesteuerte IT-Struktur, sie macht die Zusammenarbeit agil und effizient und führt beweisbar zu einer passenderen IT-Struktur, ohne dass diese vorab bekannt sein muss!

6.2.3.3 Schnelle Evolution des Unternehmens

„Bislang variieren die Unternehmen mehr oder minder zufällig, während die Märkte selektieren, (...) Innovative Unternehmen werden sich damit nicht bescheiden. Sie werden versuchen, ihrerseits nicht nur evolutionstauglich, sondern evolutionsfähig zu werden. Sie wollen nicht nur überleben, sondern die Bedingungen ihres Überlebens selber gestalten. Das jedoch bedeutet, dass sie eigene Variations-, Selektions-, und Restabilisierungsmechanismen ausbilden müssen." (Baecker 2007: 26)

6.2.3.3.1 Verlustreiche Schnelle Evolution

Erfolgreiche Unternehmen setzen sich mit ihrem Programm durch, erfolglose verschwinden vom Markt. Ein großes Unternehmen ist dann evolutionsfähig, wenn es sich in viele kleinere entkoppelte Unternehmen mit ihren jeweiligen eigenen Programmen überführt. Der Bertelsmann Konzernverbund lebt diese Logik: „Der Konsolidierungskreis einschließlich der Bertelsmann SE & Co. KGaA umfasst zum 30. Juni 2016 insgesamt 956 (31. Dezember 2015: 954) Unternehmen mit 49 Zugängen und 47 Abgängen im ersten Halbjahr 2016." (Bertelsmann 2016: 23)

Bertelsmann SE & Co. KGaA besteht aus mehreren Unternehmensbereichen, die wiederum aus vielen einzelnen Unternehmen bestehen, die sich weitestgehend selbstständig auf dem Markt behaupten müssen. Der Misserfolg einzelner Unternehmen gefährdet nicht das Überleben des Konzernverbundes.

Doch der Aufbau eines Unternehmens kostet Zeit und Geld. Mit dem Bankrott eines Unternehmens sind oft auch menschliche Dramen verbunden. Das geht auch anders, indem das Unternehmen die Schnelle Evolution auf der Ebene von entkoppelten IT-Strukturen umsetzt.

6.2.3.3.2 Verlustarme Schnelle Evolution

Eine *verlustarme* Schnelle Evolution des Unternehmens entsteht, wenn das Programm als Wertschöpfungskette in Form von IT-Struktur entkoppelt ist. Diese Wertschöpfungsketten liegen eine Ebene über dem funktional differenzierten Unternehmen.

Abbildung 7: Entkoppelte Wertschöpfungsketten liegen eine Ebene über dem funktional differenzierten Unternehmen.

Jede Wertschöpfungskette hat ihr eigenes Teil-Programm, das in Form einer eigenen IT-Struktur umgesetzt wird. Ein Teil-Programm kann selbst evolutionsfähig sein oder von einer Person vorgegeben worden sein. Wichtig ist eine Vielfalt an verschiedenen Ansätzen. Die unterschiedlichen, entkoppelten Wertschöpfungsketten können von den gleichen Mitarbeitern des Unternehmens bearbeitet werden, so dass der „Bankrott" einer Wertschöpfungskette keine personellen Konsequenzen hat. Der Markt entscheidet über Teil-Programme durch den Erfolg/Mißerfolg von IT-Strukturen des Unternehmens und formt so das Programm als Ganzes. So entsteht eine kostengünstige, schnelle und humane Transformation in die „richtige" Richtung.

Ein Unternehmen mit Schneller Evolution ist hat Elemente eines evolutionsorganisierten Systems, das einen zuvor unbekannten, aber passenden Mix an Teil-Programmen in Form von entkoppelten Wertschöpfungsketten hervorbringt. Schlimmer als das Verfehlen von Zielen ist es, die Menschlichkeit auf dem Weg in die Zukunft zu verlieren. Erfolgreich kann ein Programm nur dann sein, wenn es gleichzeitig einen wirtschaftlichen, menschlichen und gesellschaftlichen Mehrwert bringt. In diesem Sinne haben Unternehmen mit einer *verlustarmen* Schnellen Evolution in der VUCA-Welt die Voraussetzung, erfolgreiche Unternehmen zu sein, denn sie können die Balance von Evolution und Menschlichkeit kontrollieren.

7 Wissensmanagement

Sowohl Wissen als auch wahre Aussagen sind kontextabhängig. 10+10=100 ist im binären Zahlensystem richtig und im dezimal Zahlensystem falsch. So wird zum Beispiel nicht *die* Psychologie gelernt, sondern verschiedene Paradigmen innerhalb der Psychologie, mit ihrem jeweiligen eigenen Kontext, Modell und Lösung. Statt an dem aktuellen Stand des Wissensmanagements anzuschließen, wurde der neue Kontext „Nichtwissen kontrolliert nutzen" geöffnet und skizziert. Dies gibt die Freiheit, eine eigene Herangehensweise, Sprache, eigene Modelle und Lösungen zu entwickeln.

Herangehensweise: Es wird das Prinzip der Indikation verwendet. Z.B Begrenze! Modelliere! Probiere! Der Leser ist eingeladen, Anweisungen zu folgen, vorgeschlagene Unterscheidungen und Modelle zu verwenden, um so selbst die Kompetenz im Umgang mit Nichtwissen zu entwickeln.

Sprache: Es wurde eine vereinfachte formale Sprache des Beobachtens und Modellierens eingeführt. Z.B. Partnerin: Kühlschrank (gibt es etwas Frisches | es gibt nichts Frisches)

Modelle: Nichtwissen-Raum, Nichtwissen als Zustand der Unsicherheit, die Nutzung von Nichtwissen als Prozess, Psychische Kohärenzregelung, Transformatorische Kohärenzregelung; die kontrollierte Nutzung von Nichtwissen kann als Generator von neuen Modellen verwendet werden.

Lösungen: Lösungen sind kontextabängig. So sind es auch die Kontrollarten (erster Ordnung | zweiter Ordnung | dritter Ordnung): z.B. Kontrolle in Organisation (Organisation | Selbstorganisation | Evolutionsorganisation)

8 Zusammenfassung

Nichtwissen: Nichtwissen ist der Zustand der Unsicherheit, ob erwartete, denkbare oder unbekannte Möglichkeiten eintreten werden. Sinnbild: Was wird aus dem knetbaren Tonklumpen entstehen?

Nichtwissen nutzen: Nichtwissen nutzen ist ein Prozess. Sie sind eingeladen, die Kompetenz in der Nutzung von Nichtwissen durch praktisches Üben (Begrenze | Modelliere | Probiere) aufzubauen. Sinnbild: Wie kann ein Tonklumpen geformt werden?

Nichtwissen kontrolliert nutzen: Zur kontrollierten Nutzung von Nichtwissen bedarf es der strategischen Entscheidung, Rahmenbedingungen zu schaffen, innerhalb derer es zu einer Schnellen Evolution kommt. Sinnbild: Wie schaffe ich Rahmenbedingungen, die dafür sorgen, dass der Tonklumpen zu zuvor unbekannten, aber willkommenen Figuren geformt wird.

Psychische Kohärenzregelung: „Postfaktisch" wurde von der Gesellschaft für deutsche Sprache als das Wort des Jahres 2016 gewählt (GfdS 2016). Es kommt von „post-truth" und deutet darauf hin, dass weniger die Fakten, als Emotionen bei politischen und gesellschaftlichen Diskussionen zählen. Die Psychische Kohärenzregelung kann erklären, wie der Mensch auch ohne Fakten und absoluter Wahrheit funktioniert. Jeder Mensch denkt und agiert auf Basis seines eigenen – historisch gewachsenen – Weltbildes heraus. Das Neue, meiner Ansicht nach ist, dass durch IT-Strukturen und Vernetzung schneller und einfacher Effekte aus dem Nichtwissen emergieren, die Tatsachen schaffen, die außerhalb der Kontrolle jedes Einzelnen sind: Finanzkrise; Arabischer Frühling; Brexit; Trump; junge Menschen, die virtuelle Pokémons auf der Straße jagen; ...

Transformatorische Kohärenzregelung: Überträgt das Modell der Psychischen Kohärenzreglung auf den Kontext von Unternehmen mit mehr als 500 Mitarbeiter in der VUCA-Welt. Im übertragenden Sinn entspricht das Programm des Unternehmens dem Weltbild des Menschen. Kontrolle (erster Ordnung | zweiter Ordnung | dritter Ordnung) wird anhand dieses Kontextes und Modelles durchgespielt:

Kontrolle erster Ordnung (Macht): Der Befehl eines Chefs kann zu unterschiedlichen Reaktionen bei den Mitarbeitern führen. Der eine setzt den Befehl um; der andere tut nur so, als ob er ihn umsetzen würde; der dritte macht was ganz anderes, da er den Befehl anders versteht, als der Chef ihn meinte und der vierte ist paralysiert, da er eine passendere Lösung kennt, die er nicht anbringen konnte.

Kontrolle zweiter Ordnung (Vereinbarung): Mehr Kontrolle bekommt der Chef, wenn er mit seinem Team auf Augenhöhe vereinbart, wer welchen nächsten Schritt macht bzw. WIE zusammengearbeitet wird. Im Prozess des Vereinbarens können zuvor unbekannte, aber willkommene Lösungen entstehen. Der Erfolg eines Vereinbarungsprozesses ist abhängig von der Fähigkeit, Irritationen zuzulassen und in das eigene Weltbild zu integrieren. Diese Fähigkeit ist unterschiedlich ausgeprägt, so dass selbst ein Vereinbarungsprozess zwischen zwei Personen nicht selten erfolglos abgebrochen werden muss. Mit steigender Anzahl von Personen werden Vereinbarungsprozesse schwieriger und langwieriger.

Medium der Kontrolle (IT-Struktur): Die kontrollierte Nutzung von Nichtwissen eröffnet Ansätze, wie verfahren werden kann, wenn Vereinbarungsprozesse an ihre Grenzen stoßen. Dabei spielen IT-Strukturen eine entscheidende Rolle.

Denn IT-Strukturen schaffen Fakten! Zum einen können IT-Benutzer innerhalb eines IT-Systems nur das machen, was die IT-Struktur erlaubt. Zum anderen machen es IT-Strukturen einfach, dass sich viele Menschen schnell zu einer gemeinsamen Position zu einem Thema manifestieren können.

Kontrolle dritter Ordnung (Schnelle Evolution innerhalb einer IT-Struktur): Egal ob Whatsapp, Twitter oder Facebook: Allein durch Ihre – möglicherweise emotional getroffene – Entscheidung, an einer dieser IT-Strukturen teilzunehmen, aktzeptieren Sie, die von anderen getroffenen Vereinbarungen, Funktionslogik und Geschäftsbedingungen. Studieren Sie vor der Benutzung einer App oder eines Programmes die Prozessmodelle, Funktionsweisen und Geschäftsbedingung? Nein, das dauert viel zu lang und ist viel zu kompliziert. Sie testen einfach die Software und innerhalb kurzer Zeit, werden Sie entscheiden, ob Sie eine IT-Struktur weiterbenutzen oder nicht. Es findet eine postfaktische Abstimmung durch Benutzung statt, die Fakten schafft.

Schnelle Evolution als Programm sind IT-Strukturen, bei welchen eine Vielfalt an zuvor Unbekanntem auftaucht, die von anderen, nach dem jeweiligen eigenen Weltbild selektiert werden. Der Schaffer dieser Rahmenbedingungen verdient Geld trotz dem Nichtwissen, welche Lösungen, Angebote oder Produkte innerhalb seines IT-Systems erfolgreich sein werden. Es handelt sich um Geschäftsmodelle in der WIE-Welt, die nicht einmal eigener Produkte bedürfen. Beispiele sind Uber, E-bay, Alibaba, Airbnb, Apple App Store, ...

Kontrolle dritter Ordnung (Schnelle Evolution einer IT-Struktur): Als Mitarbeiter in einem Unternehmen ist es schwieriger, einfach ein anderes IT-System zu verwenden, wenn es einem nicht gefällt. Die IT-Strukturen geben vor, was ein IT-Benutzer innerhalb des IT-Systems machen kann und was nicht. Bei der Schnellen Evolution eines Teil-Programmes eines Unternehmens, wird der IT-Benutzer bevollmächtigt und befähigt, innerhalb des IT-Systems auch anders zu handeln, wie die IT-Struktur es vorgibt. Eine Abweichung von der IT-Struktur erzeugt eine dokumentierte Tatsache im IT-System, als Differenz zum Vereinbarten. Mit dem Verantwortlichen des Teil-Programmes wird dann erneut vereinbart, ob diese Abweichung als neuer Standard in die IT-Struktur aufgenommen wird oder nicht. So verbessert sich *zeitnah* die IT-Struktur der Zusammenarbeit tatsachengesteuert, da weder alle IT-Benutzer, noch die IT-Abteilung, noch das höhere Management in den Vereinbarungsprozess eingebunden sind. Dagegen kann die Entscheidung des Managements für die Einführung einer IT-Struktur-Standardlösung in der VUCA-Welt als postfaktisch bezeichnet werden, denn keiner kann vorab wissen, welche zukünftige Tatsachen von der Standard-IT-Struktur nicht abgedeckt werden und möglicherweise langwierige und teure Anpassungen nach sich ziehen. Die tatsachengesteuerte IT-Struktur wird schrittweise eingeführt und schafft innerhalb von Tagen Tatsachen, die den Vereinbarungsprozess über die nächsten Schritte versachlichen und vereinfachen. Der IT-Benutzer wird so zum aktiven Mitgestalter der Transformation der IT-Struktur, was die Akzeptanz der Transformation des Unternehmens bedeutend vergrößert. Die Schnelle Evolution ermöglicht eine tatsachengesteuerte IT-Struktur, sie macht die Zusammenarbeit agil und effizient.

Kontrolle dritter Ordnung (Schnelle Evolution des Unternehmens): Bei Startups und funktionaldifferenzierten Unternehmen entscheidet der Markt über das Überleben. Ist dagegen ein großes Unternehmen in mehreren entkoppelten Wertschöpfungsketten differenziert, so entscheidet der Markt über den Fortbestand eines Teil-Programms. So verschwinden unrentable Teil-Programme, und neue Teil-Programme können entstehen, was zu einer passenderen Transformation des Unternehmens führt, als ein Change zu einem komplett neuem Soll-Programm. Da Mitarbeiter eines Unternehmens in verschiedenen Wertschöpfungsketten gleichzeitig arbeiten können, kann in einem Unternehmen der *verlustarmen* Schnellen Evolution die Balance von Evolution und Menschlichkeit besser kontrolliert werden.

Nicht nur im Interesse von Unternehmern, sondern auch im Interesse einer humanen Gesellschaft ist es wünschenswert, die kontrollierte Nutzung von Nichtwissen anzuwenden und weiterzuentwickeln.

9 Literatur

Baecker, Dirk (2007): Studien zur nächsten Gesellschaft. Frankfurt am Main: Suhrkamp

Baecker, Dirk (2015): Postheroische Führung. Vom Rechnen mit Komplexität. Wiesbaden: Springer Gabler

Baecker, Dirk (2016): Wozu Theorie? Berlin: Suhrkamp

Bertelsmann (2016): Halbjahresfinanzbericht Januar-Juni 2016. Gütersloh: Bertelsmann SE & Co. KGaA

DAO, The (2016): The DAO (organization). In: https://en.wikipedia.org/wiki/The_DAO_(organization) (20.10.2016)

Foerster, Heinz von (1993): Wissen und Gewissen. Versuch einer Brücke. Frankfurt a. M.: Suhrkamp

Felix Lau (2008): Die Form der Paradoxie. Eine Einführung in die Mathematik und Philosophie der „Laws of Form" von G. Spencer Brown. 3. Auflage. Heidelberg: Carl-Auer-Systeme Verlag

GfdS (2016): GfdS wählt „postfaktisch" zum Wort des Jahres 2016. In: http://gfds.de/wort-des-jahres-2016/ (16.12.2016)

Gladwell, Malcolm (2005): Blink! Die Macht des Moments. Frankfurt/New York: Campus Verlag

Juling, Daniel (2015): Die drei Dimensionen von Nichtwissen. In: http://nichtwissen.com/Wissen_über_Nichtwissen/die-drei-dimensionen-von-nichtwissen (15.10.2016)

Laotse (400 v. Chr): Lao Zi Dao De Jing. Eine philosophische Übersetzung von Lutz Geldsetzer. März 2000 Lutz Geldsetzer, Permalink: http://www.zeno.org/nid/20009205160 (15.10.2016)

Luhmann, Niklas (1984): Soziale Systeme. Grundriß einer allgemeinen Theorie. Frankfurt a. M.: Suhrkamp

Luhmann, Niklas (1991): Soziologische Aufklärung 2: Aufsätze zur Theorie der Gesellschaft. 4.Aufl. Wiesbaden: Springer Fachmedien

Luhmann, Niklas (1992): Beobachtungen der Moderne. Opladen: Westdeutscher Verlag

Luhmann, Niklas (1997): Die Gesellschaft der Gesellschaft. 2. Auflage. Frankfurt a.M.: Suhrkamp

Luhmann, Niklas (2006): Organisation und Entscheidung. Wiesbaden: VS Verlag

Metzinger, Thomas (2010): Der Ego Tunnel. Eine neue Philosophie des Selbst: Von der Hirnforschung zur Bewusstseinsethik. Berlin: BvT Berliner Taschenbuch Verlags GmbH

Singer, Wolf (2010): In: (Metzinger 2010)

Spencer Brown, George (1994): Laws of Form. Portland Oregon: Cognizer Company

Wilke, Helmut (2011): Einführung in das systemische Wissensmanagement. (Dritte, überarbeitete und erweiterte Auflage) Heidelberg: Carl-Auer Verlag GmbH

Wissenstransfer als Prozess
Strukturiert – Moderiert – Kontrolliert

Alina Judith Klug

Merck KGaA: Head of Process Optimization, Site operation, Central Services

Alina-judith.klug@merckgroup.com

1 Zusammenfassung

In diesem Artikel werden die drei wichtigsten Erkenntnisse bei der Einführung eines Wissenstransfer-Prozesses beschrieben.

„Merck ist ein führendes Wissenschafts- und Technologieunternehmen in den Bereichen Healthcare, Life Science und Performance Materials. Rund 50.000 Mitarbeiter arbeiten daran, Technologien weiterzuentwickeln, die das Leben bereichern – von biopharmazeutischen Therapien zur Behandlung von Krebs oder Multipler Sklerose über wegweisende Systeme für die wissenschaftliche Forschung und Produktion bis hin zu Flüssigkristallen für Smartphones oder LCD-Fernseher." (www.merck.de/de/unternehmen/unternehmen.html).

Die Einheit Process Optimization ist eine interne Service-Organisation, die interne Kunden bei der Optimierung ihrer Prozesse unterstützt. Der Schwerpunkt liegt hierbei beim Schaffen von transparenten und effizienten Prozessen. Die internen Kunden verteilen sich über die drei Bereiche sowie die zentralen Funktionen.

Der in diesem Artikel beschriebene Prozess des moderierten Wissenstransfers ist einer der angebotenen Services. Der Prozess wurde Ende 2014 entwickelt und in zwei Pilotprojekten getestet. Seit 2015 ist er ein regulärer Service der Organisation und wird standortweit und standortübergreifend angeboten. Der Projektablauf folgt einem Standard, wird aber in jedem Projekt auf die Ziele und Randbedingungen angepasst. Die dargestellten Erfahrungen beziehen sich auf über 25 Projekte in unterschiedlichen Ausprägungsstufen und diversen Organisationseinheiten.

2 „Wissenstransfer tut not"

Mitarbeiter sind die Grundlage jeder Prozessoptimierung, da sie die betroffenen Prozesse umsetzen und mit Leben füllen. Mitarbeiter sind im Regelfall in formelle oder informelle Organisationen eingeteilt, welche sich kontinuierlich verändern z.B. durch Austritte von Mitarbeitern oder Neueintritte sowie die Übernahme neuer Aufgaben. Daraus resultierend muss häufig bestehendes Wissen übergeben werden, damit die einzelnen Organisationseinheiten z.B. Teams oder Abteilungen arbeitsfähig bleiben. Hierbei kämpfen die Fachabteilungen auf allen Ebenen unter Anderem mit den im folgenden beschriebenen Herausforderungen.

2.1 Vergessen von Teilaufgaben

Im Rahmen einer Übergabe werden meist die am Häufigsten auftretenden Aufgaben zuerst übergeben. Begonnen wird mit der generellen Herangehensweise oder Struktur der Abarbeitung. Sobald diese Struktur verstanden ist, wird das Thema als erledigt angesehen. Hierbei wird jedoch häufig außer Acht gelasssen, dass bei der Bearbeitung diverse Sonderfälle auftreten, z.B. die Firma Herbert Mayer soll unter „M" abgelegt werden, nicht unter „H". Diese können bei der Übergabe leicht vergessen werden, so dass die spätere Bearbeitung durch einen neuen Mitarbeiter stockt oder Fehler auftreten.

2.2 Verlust von Hintergrundwissen

Um sich in einer Organisationen zurecht zu finden und seine Arbeitsprozesse effizient durchzuführen, benötigt jeder Mitarbeiter ein gewisses Maß an Hintergrundwissen zu seiner Organisation und zu den existierenden Prozessen. Beim Mitarbeiterwechsel geht dieses leicht verloren und Bedarf später der gezielten und aufwändigen Widerbeschaffung. Hierbei kann es sich sowohl um gewachsenes Wissen über notwendige Randbedingungen – z.B. unser Prozess muss bis Mittwoch abgeschlossen sein, weil in Monaten mit 31 Tagen der Rechnungsabschlusslauf schon auf den Donnerstag fallen kann – als auch über das spezielle Zusammenspiel der Organisation handeln – z.B. Rückfragen, die von der Leitungsebene donnerstags gestellt werden, sind meist dringend, weil Donnerstag Nachmittag eine wichtige regelmäßige Besprechung stattfindet. Das Hintergrundwissen kann sich neben organisatorischen Inhalten auch auf technische Aspekte beziehen – z.B. bei den Anlagen der Modellreihe vor 1995 wurde ein anderes Update durchgeführt.

In jedem Fall führt der Verlust dieses Hintergrundwissens zu erheblichem Mehraufwand und gegebenenfalls sogar zu Falschannahmen oder Bearbeitungsfehlern.

2.3 Orientierungsschwierigkeiten des neuen Mitarbeiters

Die Informationsmengen bei der Einarbeitung können häufig beachtliche Ausmaße erreichen. In Kombination mit einer eventuell unübersichtlichen

Darstellung ist es für einen Mitarbeiter im neuen Aufgabengebiet häufig schwierig den Überblick zu behalten. Daraus resultierend fällt es eventuell schwer Zusammenhänge zu begreifen bzw. zu erkennen, dass man bereits über ein Grundwissen verfügt.

2.4 Missverständnisse zwischen den betroffenen Mitarbeitern

Bei Wissensübergaben ist häufig eine Diskrepanz zwischen dem Status „erklärt" auf der wissensabgebenden Seite und dem Status „verstanden und anwendbar" auf der wissensaufnehmenden Seite feststellbar. Je nach involvierten Persönlichkeiten und gegebenen Kommunikationstechniken ist diese Diskrepanz unterschiedlich groß. Pragmatisch betrachtet ist jedoch nur der korrekte Informationseingang von Bedeutung und muss daher sichergestellt sein. Allein das Erklären eines Sachverhalts schafft aus Unternehmenssicht keinerlei Mehrwert.

2.5 Vernachlässigen zeitlicher Vorgaben

Auch im Rahmen von Wissensübergaben müssen zeitliche Rahmenbedingungen gehalten werden. Ist dies nicht der Fall, droht gegebenenfalls nicht übergebenes Wissen mit dem Austritt eines Mitarbeiters für die Organisation verloren zu gehen.

3 „Wissenstransfer ist ein Prozess"

Um die Fachabteilungen bei den genannten Herausforderungen zu unterstützen, wird der im folgenden dargestellte interne Prozess angewandt:

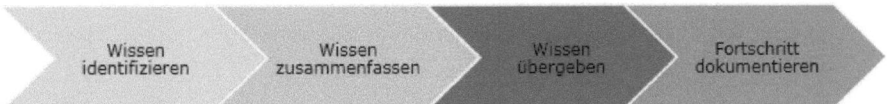

Abbildung 1: Prozessdarstellung des internen Prozesses
für den moderierten Wissenstransfer

Der Prozess gliedert sich in vier Teilprozesse.

4. Wissen identifizieren:
   Zu Beginn des Prozesses muss das relevante Wissen mit den Beteiligten zusammen identifiziert werden.

5. Wissen zusammenfassen:
   Anschließend wird das erfasste Wissen übersichtlich dargestellt und zusammengefasst.

6. Wissen übergeben:
   Das erfasste und strukturierte Wissen wird von der Wissensgeberseite an die Wissensnehmerseite übergeben.

7. Fortschritt dokumentieren:
   Der Fortschritt in der Wissensübergabe wird dokumentiert. Er dient auch als Projektabschluss-Dokumentation.

Die Teilprozesse können unterschiedliche Ausprägungen annehmen. Muss ein solches Projekt z.B. innerhalb von zwei Wochen abgeschlossen sein aufgrund des Austritts eine Mitarbeiters gestaltet es sich deutlich anders als wenn in einem Projektteam eine vor Ort Übergabe mit allen Beteiligten ein halbes Jahr im Voraus geplant werden muss.

Für die erfolgreiche Bearbeitung eines solchen Wissenstransfer-Projekts haben sich im Allgemeinen zwei Prozesscharakteristiken als erfolgsentscheidend erwiesen.

3.1 Die sorgfältige Vorbereitung

Die sorgfältige Vorbereitung zeichnet sich dadurch aus, dass das relevante Wissen mit einem mehrseitigen Ansatz identifiziert wird. Die betroffenen Mitarbeiter listen selbständig das aus ihrer Sicht relevante Wissen auf, möglichst ohne sich vorab gegenseitig auszutauschen. Unter der Annahme, dass kein Beteiligter eine vollständige Auflistung abliefern kann, wird so möglichst viel des notwendigen Wissens identifiziert.

Anschließend wird das Wissen mit allen Beteiligten priorisiert. Entscheidend kann hierfür z.B. die Komplexität des Wissens, die Relevanz für den Arbeitsalltag oder die Anzahl zusätzlich vorhandener Wissensträger in der Organisation sein.

Das Wissen wird in informeller Weise in einem Mindmap dargestellt. Auf dieser so genannten „Wissenslandkarte" ist auch Spielraum für informelles Wissen gegeben, das sich z.B. nicht in Arbeitsanweisungen oder offiziellen Dokumenten findet. Daraus resultierend können auch verborgene Aspekte und implizites Wissen besser visualisiert werden.

3.2 Der kontrollierte Prozess

Um den Prozess besser zu kontrollieren, führt ein unternehmensinterner aber fachabteilungsexterner Moderator durch die einzelnen Schritte. Er erklärt den

Teilnehmern das gemeinsame Vorgehen und stößt die jeweils nächsten Termine an.

Zusätzlich ist es seine Aufgabe kontinuierlich den Fortschritt zu messen und das Projekt bei Bedarf zu beschleunigen. In Projekten mit mehr als zwei Teilnehmern moderiert er die einzelnen Teambesprechungen.

Die Beurteilung des Abarbeitungsgrads erfolgt stets durch den Wissensnehmer nicht durch den Wissensgeber. Der Wissensnehmer muss beurteilen, ob das notwendige Wissen bei ihm angekommen ist. Der Moderator unterstützt hierbei durch gezielte Rückfragen und das Vermitteln der Antwort bei Projekten mit mehrereren Wissensnehmern.

3.3 Praktische Randbedingungen

Während des gesamten Projekts werden durch die Teilnehmer definierte Rollen wahrgenommen: Wissensgeber, Wissensnehmer, Manager und Moderator. Zu jeder Rolle gehören einige einfache Regeln und Sichtweisen, um die Zusammenarbeit besser steuern zu können. Überlappungen zwischen den Rollen sind möglich, z.B. kann der Vorgesetzte auch Wissensgeber oder ein Mitarbeiter für einige Themen Wissensgeber und für andere Wissensnehmer sein. Der Moderator sollte jedoch nie einen direkten Bezug zum transferierten Wissen haben, um seiner ausgleichenden Rolle gerecht werden zu können.

Offene Punkte während des Projekts, zu denen noch Wissen notwendig ist, welches aber erst noch generiert werden muss, z.B. die Testergebnisse aus dem Labot zu einer bestimmten Produktbeanspruchung, werden im Verlauf des Projekts durch den Moderator gesammelt und anschließend als Aufgaben im Team verteilt.

Die Durchführung von Projekten erfolgt nur auf Anfrage und wird auf die speziellen Randbedingungen des anfragenden Bereichs abgestimmt. Es findet eine interne Kostenverrechnung nach Aufwand an die anfragenden Bereiche statt.

Ein mögliches Hemmniss für das Gelingen der Projekte ist das häufig parallel abzuwickelnde Tagesgeschäft. Hier müssen zu Projektbeginn klare Vereinbarungen mit der projektanfordernden Führungskraft getroffen werden. Können diese von den Beteiligten im Laufe des Projekts nicht eingehalten werden, muss der Moderator aktiv eine Klärung herbeiführen.

4 „Wissenstransfer ist ein Katalysator"

Kurz nach Einführung des moderierten Wissenstransfers von einem Mitarbeiter zu seinem Nachfolger wurde der moderierte Wissenstransfer in Teams angefragt und entwickelt. In Teams ist es zunächst das primre Ziel, einen einheitlichen Wissensstand zu schaffen bzw. bei Veränderungen das Wissensniveau im Team zu erhalten.

Im Gegensatz zu 1:1-Transfers steht hier meist statt einer Tätigkeit ein konkretes Produkt oder Projekt im Mittelpunkt. Die Teilnehmer bekleiden im Team unterschiedliche Funktionen und kommen teilweise von unterschiedlichen Standorten oder aus unterschiedlichen Organisationseinheiten. Für sie ist es wichtig trotz unterschiedlichster persönlicher Hintergründe ein gleiches Verständnis der Randbedingungen und Aufgaben zu erarbeiten.

Der Moderationsanteil in Teamtransfers ist aufgrund der größeren Teilnehmeranzahl deutlich ausgeprägter, da die Übergabemeetings mit allen Teilnehmern gemeinsam stattfinden und daher vorbereitet und gelenkt werden müssen.

4.1 Teamtransfer = Teameffekt

Durch das gemeinsame Erarbeiten eines einheitlichen Wissenslevels und den Austausch von Erfahrungen und Ideen entsteht ein dynamischer Impuls für neue Aufgaben. Das Team wächst spürbar zusammen und es entsteht ein gemeinsamer Verhaltenscodex.

Zusätzlich werden organisatorische Schranken aus dem Tagesgeschäft überwunden, wenn Mitarbeiter mehrerer Standorte oder unterschiedlichster Bereiche, z.B. Forschung und Marketing, gemeinsam arbeiten.

4.2 Praktische Randbedingungen

Transfermeetings können heute auch mittels Online-Meetings stattfinden. Allerdings erhöhen sich hier teilweise die bereits bestehenden Sprachbarrierren. Empfehlenswert ist es, die Teilnehmer für die Übergabemeetings auch örtlich zu versammeln. Die Vorbereitungsmeetings mit einzelnen Teilnehmern und dem Moderator können problemlos online stattfinden.

Die Transfermeetings können einzeln mit Abstand oder an aufeinanderfolgenden Tagen geplant werden, z.B. über zwei Wochen jeden Tag vier Stunden. Mehr als vier Stunden Wissenstransfer pro Tag sind in der Praxis nicht empfehlenswert.

4.3 Kundenfeedback

Nach jedem abgeschlossenen Projekt wird das Feedback der Auftraggeber und etwa drei Monate nach Abschluss auch der Wissensnehmer abgefragt. Anbei eine beispielhafte Auswahl.

Rückmeldungen Auftraggeber nach Projektabschluss:

- „Mit der systematischen Herangehensweise wurde der Wissenstransferprozess sehr erleichtert, und durch die Visualisierung konnten hier überhaupt erst bestimmte Details offen gelegt werden, die sonst nicht unbedingt auf dem ‚Radar' wären."
- „Die Übergabe hat nahezu reibungslos geklappt, und alle Teammitglieder konnten unmittelbar nach dem Wissenstransfer-Projekt direkt mit ihren neuen Aufgaben starten."
- „I think the format was very helpful and worth the invested time and effort."
- „Erst durch die Moderation ist es möglich geworden, auch das nicht niedergeschriebene Wissen sichtbar zu machen."

Rückmeldungen Wissensnehmer ca. 3 Monate nach Projektabschluss:

- „Das Projekt hat geholfen und für eine bessere Orientierung gesorgt."
- „It helped me quite a lot. We captured almost all the knowledge that we have at hand. I could start with my job quite easily."
- „Die Darstellung eignet sich sehr gut für komplexe Strukturen im Arbeitsalltag. Uns steht jetzt eine gut einsetzbare Arbeitsgrundlage zu Verfügung."

5 Literatur

Merck KGaA, (24.10.2016): Informationen über das Unternehmen Merck In: http://www.merck.de/de/unternehmen/unternehmen.html

Wissen intern vernetzen

Wissensmanagement als funktionsübergreifendes Führungsinstrument an Forschungsinstitutionen

Gerd Kosar, Hubert Biedermann

Lehrstuhl für Wirtschafts- und Betriebswissensschaften
Montanuniversität Leoben

gerd.kosar@unileoben.ac.at

1 Zusammenfassung

Die Einführung einer Informationstechnologie im Wissensmanagement ermöglicht eine kontextbezogene Vernetzung der Mitarbeiter und ist daher vor allem für Forschungsinstitutionen relevant, deren Aufgabe darin besteht, Wissen zu sammeln, zu dokumentieren, zu bearbeiten, zu erzeugen und weiterzugeben. Die Analyse der bestehenden Wisssituation an Forschungseinrichtungen ist dabei eine wesentliche Voraussetzung für die Einführung einer Wissensdatenbank.

2 Einleitung

Wissensmanagement-Aktivitäten werden maßgeblich durch die IT beeinflusst, vor allem wenn diese in mitarbeiter- und prozessorientierte Gesamtkonzepte eingebunden wird (vgl. Matson und Prusak 2006: 2 ff.). Durch den Einsatz der IT wird einerseits der Wissenstransfer beschleunigt, andererseits kann die Kommunikation zwischen Mitarbeitern unterstützt werden. Auf diese Weise besteht durch die Informationstechnologie die Möglichkeit, Wissen eines Individuums oder einer Gruppe zu extrahieren bzw. zu strukturieren, damit andere Mitglieder einer Organisation dieses anwenden können (vgl. Davenport und Prusak 1998: 125). Zur Generierung von Wissen aus Daten und Informationen anhand von Datenbanken müssen diese verstanden und reflektiert werden, um sicherzustellen, dass Wissensmanagement Teil der gelebten Arbeitspraxis wird (vgl. Hermann et.al: 2003).

Durch die Weiterentwicklung des Wissensmanagements am Lehrstuhl für Wirtschafts- und Betriebswissenschaften (WBW) wird ein Knowhow-Transfer der Mitarbeiter sowie eine bessere und vor allem gelebte Vernetzung der Forschungsschwerpunkte erreicht. Die Einbettung des Wissens erfolgt dabei in das am Lehrstuhl bereits bestehende Datenbanksystem Lotus Notes.

3 Grundlagen des Wissensmanagements und Wissensdatenbanken

Um Wissensdatenbanken besser verstehen zu können, wird vorerst der Begriff Wissen erläutert. In Anlehnung an Probst wird Wissen wie folgt definiert: „Wissen bezeichnet die Gesamtheit der Kenntnisse und Fähigkeiten, die Individuen zur Lösung von Problemen einsetzen. Wissen stützt sich auf Daten und Informationen, ist im Gegensatz zu diesen jedoch immer an Personen gebunden." Unter einem Wissensmanagement ist ein integriertes Interventionskonzept zu verstehen, welches sich mit der Möglichkeit zur Gestaltung, Lenkung und Entwicklung der organisatorischen Wissensbasis befasst (vgl. Romhardt 1998: 69).

Eine Wissensdatenbank ermöglicht die Erfassung und Bearbeitung von Wissensobjekten, stellt die Verknüpfung zwischen diesen her und unterstützt die Mitarbeiter bei ihrer täglichen Arbeit durch das einfache Wiederauffinden von Informationen (vgl. Probst et.al. 1999: 51 ff.). Eine der größten Herausforderungen besteht in der Anwendung von Wissen. Die Anwendungsmöglichkeiten einer Wissensdatenbank sind abhängig davon, ob und wie dessen Nutzer in der Lage sind, die darin enthaltenen Informationen aufzunehmen und in persönliches Wissen zu verwandeln. Nur wenn die Informationen durch den Nutzer verstanden, die bisherigen Erfahrungen mit Neuem verknüpft und die Einbettung in ein Gesamtkontext bzw. die Validierung durch Handlung erfolgt, wird aus Informationen wieder Wissen. Erst dann ist ein Wissensmanagementprozess erfolgreich abgeschlossen (vgl. Rauchhaupt 2005: 98 ff.).

4 Einführung von Wissensdatenbanken

Das interne Wissensmanagement am WBW umfasst drei Instrumentenfelder, die für ein lernförderliches Umfeld sorgen – die Wissensübersicht, die Mitarbeiter-Qualifikationsmatrix und das MDS-Tool (siehe Abbildung 1). Diese drei Instrumente wurden in die bereits am Lehrstuhl vorhandene Datenbank Lotus- Notes implementiert. Das dokumentenorientierte Datenbanksystem Lotus-Notes basiert auf Internet- bzw. Intranet-Technologie und wird in diesem Fall als Wissensmanagement-Plattform genutzt.

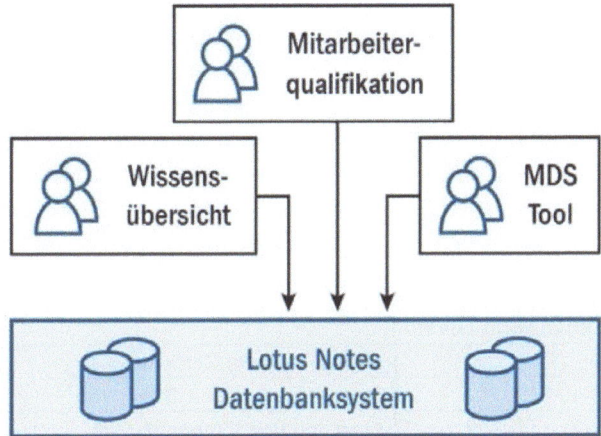

Abbildung 1: Instrumentenfelder des Wissensmanagements am WBW

Im Folgenden werden die drei Instrumentenfelder näher erläutert.

4.1 Wissensübersicht

Die Wissensübersicht als erster Instrumentenrahmen beinhaltet die Kernkompetenzen des Wissensgebietes (Kollektives Wissen der beteiligten Lehrstuhlmitarbeiter im jeweiligen Wissensgebiet). Der Lehrstuhl befasst sich im Wesentlichen mit neun Wissensgebieten, die folgend aufgelistet werden:

- Energiemanagement,
- Lean Smart Maintenance,
- Lebenszyklusmanagement,
- Unternehmens- und Betriebscontrolling,
- Innovationsmanagement,
- Sicherheits- und Risikomanagement,
- Produktionsmanagement,
- Nachhaltigkeitsmanagement,
- Qualitätsmanagement.

Im Rahmen des jährlichen Science Workshops präsentieren Lehrstuhlmitarbeiter im verantwortlichen Wissensgebiet die Entwicklung der fachspezifischen Literatur, vergleichen diese mit dem Stand der institutsinternen Forschung und gehen dabei insbesondere auf die verwendeten Konzepte, Theorien, Modelle und Instrumente („MMI") ein. Somit findet ein strukturierter Prozess der Wissensgenerierung im jeweiligen Wissensgebiet statt.

4.2 Mitarbeiter-Qualifikationsmatrix

Zum Aufzeigen einzelner Wissenslücken in Projekten und in der Weiterbildung dient eine Mitarbeiter-Qualifikationsmatrix, mit deren Hilfe die Fähigkeit der Mitarbeiter in regelmäßigen Abständen analysiert, überprüft und erweitert wird. Sie liefert somit den aktuellen Qualifikationsstand der Mitarbeiter. Die Qualifikationen ergeben sich aus den derzeitigen und zukünftigen Projekten. Am Lehrstuhl werden fünf Qualifikations-Level für Mitarbeiter herangezogen, welche auf einer Skala von 1 bis 5 den Qualifikationsstand bewerten (siehe Tabelle 1).

Qualifikations-Level	
1...X	Basis-Schulung; Zertifikat o.ä.
2...XX	Erste Anwendung; z.B. Vortrag
3...XXX	Anwendung als Teammitglied
4...XXXX	Autonome, selbstständige Anwendung; Projektleiter
5...XXXXX	Perfekt in Literatur; mehrmalige bzw. mehrjährige Praxis

Tabelle 1: Qualifikation-Level der Lehrstuhlmitarbeiter am WBW

Die Auswertung der Mitarbeiter-Qualifikationsmatrix bezieht sich immer auf einen bestimmten Zeitpunkt und wird jährlich im Rahmen des Strategieseminars auf Aktualität geprüft und gegebenenfalls angepasst. Somit besteht die Möglichkeit den Qualifikations-Level einzelner Lehrstuhlmitarbeiter genauer zu analysieren, um dessen Eignung für zukünftige Projekte bzw. Weiterbildungsveranstaltungen festzustellen. Daraus lässt sich der notwendige Schulungsbedarf ableiten. In Abbildung 2 ist der Kreislauf der Mitarbeiter-Qualifikation am WBW dargestellt.

Abbildung 2: Kreislauf der Mitarbeiter-Qualifikationen am WBW

4.3 MDS-Tool

Das MDS-Tool ermöglicht die Aufnahme, Darstellung und Nutzung von Wissen aus der Literatur (Wissen ohne Handlung) sowie Handlungswissen und dient somit als Wissensspeicher des Lehrstuhls.

Um ein systemorientiertes Denken am Lehrstuhl zu fördern, wird neu angelegtes Handlungswissen in Form von Theorien, Konzepten, Modellen oder Instrumenten den entsprechenden Systems Engineering Phasen (SE-Phasen) zugeordnet (siehe Abbildung 3).

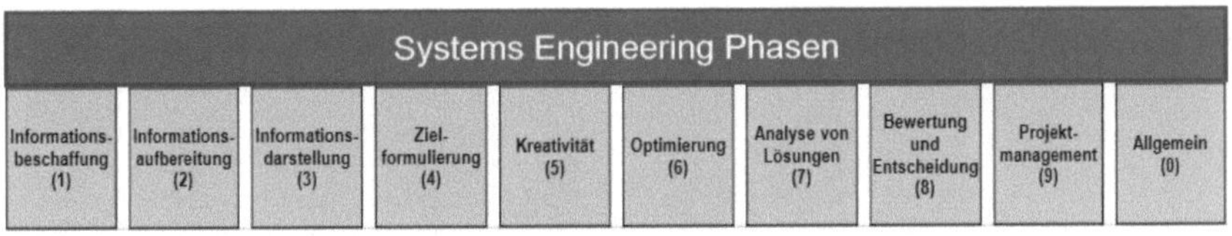

Abbildung 3: Systems Engineering Phasen
(vgl. Haberfellner et.al 2012: 370 ff.)

Im Folgenden wird auf die Prozesse Wissensgenerierung ohne Handlung bzw. Handlungswissen näher eingegangen und der Wissenstransfer bzw. die Wissensnutzung anhand einer Suchmaske vorgestellt.

Am Beispiel der Wissensgenerierung ohne Handlung (Ideenspeicher) schlägt der Lehrstuhlmitarbeiter durch Ausfüllen eines vorgefertigten „MMI-Formulars" in Lotus-Notes eine neue MMI im Rahmen der monatlichen Journal Jour fixe (JJF)[1] vor. Dabei hat der Lehrstuhlmitarbeiter stets die Wissensdefinitionen am Lehrstuhl zu beachten. Der MMI-Vorschlag beruht auf einer Literaturrecherche, einer Recherche im Zuge eines Projektes oder einer Journal-Recherche und bedingt den zugehörigen Grundlagenartikel in pdf-Format als Formularanhang, aus der die MMI hervorgehen. Nach Vorstellung des MMI-Formulars und Präsentation des Grundlagenartikels fällt der Lehrstuhlleiter eine Entscheidung über dessen Aufnahme oder Verwerfung. Im Fall einer Aufnahme wird diese in die Suchmaske aufgenommen und somit als Ideenspeicher visualisiert (siehe Abbildung 4).

---

[1] Zeitschriftenbesprechung, in der von Professoren und allen wissenschaftlichen Mitarbeitern besondere Artikel vorgestellt werden.

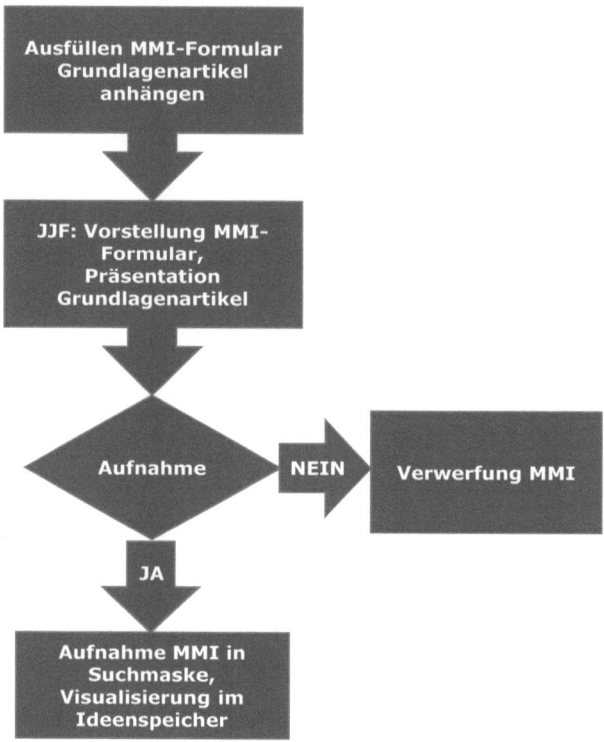

Abbildung 4: Prozess Wissensgenerierung ohne Handlung

Das MMI-Formular kann monatlich vor jedem JJF durch den Lehrstuhlmitarbeiter ausgefüllt werden. Der Aufbau des Formulars besteht aus der Angabe von Name, Art (Theorie, Konzept, Instrument, Beschreibungs-, Erklärungs- oder Entscheidungsmodell), Ziel bzw. Anwendung der MMI und der Zuordnung der entsprechenden SE-Phase.

Durch den Prozess „Wissensgenerierung mit Handlung" besteht die Möglichkeit, ein oder mehrere MMI, welche bereits im Ideenspeicher angelegt wurden, direkt einem externalisiertem Wissen zuzuordnen. Unter externalisiertem Wissen sind in diesem Fall Projekte oder Veröffentlichungen zu verstehen. Bei Auftragsforschungsprojekten ist dabei nach Projektabschluss und bei FFG-Projekten einmal jährlich die angewendeten MMI zu dokumentieren. In Lotus-Notes wird dafür das entsprechende Projekt geöffnet. Die Auswahl der angewendeten MMI in der Projektinformation im Reiter „MMI" zusammen mit der zugehörigen SE-Phase erfolgt in Form eines „pull-down"-Menüs. MMI, die aus einer Veröffentlichung hervorgehen, sind vom Lehrstuhlmitarbeiter im MDS unter Listen als Handlungswissen anzulegen. Bei der Auswahl der angewendeten MMI in Veröffentlichungen ist sinngemäß gleich wie bei Projekten vorzugehen.

Das angelegte Wissen aus dem Ideenspeicher sowie das Handlungswissen sind in der Suchmaske hinterlegt. Die Suchmaske ermöglicht durch Auswahl der entsprechenden Suchkriterien des Lehrstuhlmitarbeiters ein einfaches Auffinden und Nutzen von externalisiertem Wissen. Ein Ankreuzen der Felder „Wissen ohne Handlung" bzw. „Handlungswissen" erlaubt dabei eine spezifische oder kombinierte Wissensausgabe der Suchmaske.

Das Wissen des Lehrstuhls wird durch die Wissensbilanz dokumentiert. Diese stellt eine Form des internen und externen Kommunikationswesens in standardisierter Berichtsform dar und erfasst wissensbasierte Prozesse und immaterielle Investitionen bzw. Ergebnisse desselben.

5 Fazit

Die Einführung von Wissensmanagement mit gleichzeitiger Unterstützung von Datenbanken an Forschungsinstitutionen hängt von mehreren Einflussfaktoren ab, die je nach Organisation selbst gewählt werden können. Am WBW ist das Wissensmanagement auf drei Instrumentenfeldern aufgebaut, die Lehrstuhlmitarbeitern eine interne Wissensvernetzung bieten. Neue Mitarbeiter erlangen auf diese Weise schnell Zugang zu externalisiertem Wissen. Durch die prozessorientierte Ausrichtung der Aufgabenfelder in Forschung, Weiterbildung und Lehre, spielt vor allem für jüngere Mitarbeiter der Wissenserwerb in kurzer Zeit eine große Rolle. Durch die systembedingte Fluktuation von Mitarbeitern mit befristeten Verträgen im Kontext zu Forschungs- und Dissertationsprojekten stellt Wissen somit die wichtigste Ressource für den Lehrstuhl dar. Dieses Wissen soll gefestigt, gespeichert und signifikant genutzt werden, damit das Risiko eines Wissensverlustes möglichst gering bleibt.

Literatur

Prusak, L./Matson, E. (Hrsg. 2006): Knowledge management and organizational learning: a reader. Oxford management readers. Oxford University Press. Oxford.

Hermann, T. et.al. (Hrsg. 2003): Wissensgenese, Wissensteilung und Wissensorganisation in der Arbeitspraxis. Westdeutscher Verlag. Wiesbaden.

Romhardt, K. (Hrsg. 1998): Die Organisation aus der Wissensperspektive: Möglichkeit und Grenzen der Intervention. Springer Verlag. Wiesbaden: Matson, E./Prusak, L. (2006): Knowledge Management and organizational learning.

Probst, G. et.al. (Hrsg. 1999): Wissen managen: Wie Unternehmen ihre wertvollste Ressource optimal nutzen. 3. Auflage. Verlag Dr. Th. Gabler GmbH. Wiesbaden.

Rauchhaupt, U. (Hrsg. 2005): Wittgensteins Klarinette: Gegenwart und Zukunft des Wissens. Berliner Taschenbuch Verlag. Berlin.

Haberfellner, R. et.al. (Hrsg. 2012): Systems Engineering: Grundlagen und Anwendung. 12. Auflage. Orell Füssli Verlag AG. Zürich.

Von mutigen Innovatoren und braven Optimierern

Benedikt Lutz

Donau-Universität Krems
Department für Wissens- und Kommunikationsmanagement

benedikt.lutz@donau-uni.ac.at

1 Abstract

Moderne Wissensorganisationen stehen im globalen Wettbewerb unter starkem Qualitäts- und Innovationsdruck. Dem Optimierungsparadigma des Qualitätsmanagements (ständige Verbesserung, Prozessmanagement, Risikovermeidung, ...) steht das Paradigma des Innovationsmanagements scheinbar unversöhnlich gegenüber: Kreativität, Risikobereitschaft, Veränderung bis hin zur „schöpferischen Zerstörung" Schumpeters.

Ein wissensorientiertes Vorgehen kann eine Brücke zwischen diesen Gegensatzpolen bauen – das wird hier anhand einiger Beispiele aufgezeigt, wie z.B. der Entwicklung einer konstruktiven Fehlerkultur.

2 Ein Beispiel: Zu viel optimiert?

Stellen Sie sich vor: Eine Software-Entwicklungsabteilung im Automotive-Bereich, international höchst erfolgreich, hat ihr QM-System im Laufe der Jahre ständig weiterentwickelt. Nach der ISO 9001-Zertifizierung schon in den 1990-er Jahren folgten mehrere CMMI-Assessments[1], und von CMMI-Level 3 (gekennzeichnet durch definierte Prozesse mit Projekt-Tailoring nach organisationsweiten Standards) entwickelte man sich zu Level 4 (quantitatives Management der Prozesse) und in Richtung Level 5 (mit Focus Optimierung durch metrikbasierte Prozessverbesserung). Stabile Entwicklungsprozesse, kontinuierliche Verbesserung (KVP) und Kennzahlen-basierte Prozesskontrolle kennzeichnen den Projektalltag. Produktivität der Entwicklung und Qualität der Produkte steigen, zumindest was Messkriterien wie lines of code per hour, Testaufwand, Fehlerfindungsrate und Restfehlerwahrscheinlichkeit betrifft.

---

[1] Nähere Infos zu dem in der Softwareentwicklung weit verbreiteten CMMI-Reifegradmodell der Carnegie Mellon Universität finden Sie unter https://www.sei.cmu.edu/cmmi/ [2016-12-12]

Wenn man diese Entwicklungen betrachtet, kann man durchaus von einem gelungenen Aufbau einer Hochleistungsorganisation sprechen.

Doch die Innovativität der Abteilung kommt im Vergleich mit dem globalen Wettbewerb (China!) unter Druck, wenn man etwa an neue Patente denkt, an die Dauer von Produktzyklen und die große Herausforderung der Elektromobilität. Die Firmenleitung beschließt daher, Innovationsprojekte aus dem lang bewährten Standardvorgehen in der Software-Entwicklung auszukoppeln und macht für derartige Projekte weniger rigide Vorgaben hinsichtlich der Einhaltung von Prozessen und für das Berichtswesen.

Dieses (wahre) Beispiel scheint kein Einzelfall zu sein. Immer häufiger hört man Klagen von Firmen, die ein hohes Niveau im Qualitäts- und Prozessmanagement erreicht haben, dass sie zu wenig flexibel auf die Herausforderungen eines immer komplexeren Umfelds reagieren können. Schlagworte von der VUCA-Welt machen die Runde (volatility, uncertainty, complexity, ambiguity) und Seminare für agiles Projektmanagement sind nachgefragt, mit dem Ziel möglichst flexibel agieren zu können unter weitgehendem Verzicht auf althergebrachte Formen der Dokumentation. Und auch neue Management-Philosophien ohne klassische Hierarchien kommen in Mode, wie etwa das Holokratie-Modell von Brian Robertson (engl. holacracy).[2]

Diese gesellschaftlichen und wirtschaftlichen Entwicklungen befeuern die öffentliche Diskussion hinsichtlich Innovation. Die Wirtschaftsseiten der Zeitungen sind voll von Berichten über Startups und Innovation Labs, begeistern sich an neuen Formen des Arbeitens und an innovationsförderlicher Architektur, an Besprechungen in bunten Kreativräumen oder Swimming Pools bis hin zu Rutschbahnen, die die Kommunikationsbarriere zwischen Abteilungen überwinden helfen sollen. Das bereits 20 Jahre alte Konzept der Disruption (Christensen 1997) erreicht – stark simplifiziert – in den letzten Jahren große Popularität, und berechtigte Kritik daran wird wenig wahrgenommen.[3]

Man könnte fast den Eindruck erhalten, dass die klassischen Tugenden des Qualitätsmanagements aus der Mode kommen zugunsten agiler Innovationsansätze, die unnötigen bürokratischen Ballast abwerfen wollen. Handelt es sich hier wirklich um unversöhnliche Gegensätze oder nicht vielmehr um zwei Seiten einer Medaille, die für den Unternehmenserfolg beide nötig sind?

---

[2] Siehe http://www.holacracy.org/ [2016-12-12]

[3] Siehe z.B. die vernichtende Analyse von Jill Lepore im New Yorker: „Disruption is a theory of change founded on panic, anxiety, and shaky evidence", http://www.newyorker.com/magazine/2014/06/23/the-disruption-machine [2016-12-12] oder sachlicher Andrew A. King and Baljir Baatartogtokh in der Sloan Management Review: http://sloanreview.mit.edu/article/how-useful-is-the-theory-of-disruptive-innovation/ [2016-12-12]

3 Qualitäts- vs. Innovationsmanagement?

In gewisser Weise könnte man das Innovationsmanagement als „natürlichen Feind" des Qualitätsmanagements bezeichnen, wenn auch wissenschaftliche Untersuchungen gewisse Übereinstimmungen besonders beim prozessorientierten Vorgehen erkennen lassen (Kim et al. 2012). Sehen wir uns hier einige typische Charakteristika beider Ansätze in einer Gegenüberstellung an:

Qualitätsmanagement	Innovationsmanagement
Bestehendes optimieren (kontinuierliche Verbesserung)	Bestehendes in Frage stellen
Routinen automatisieren (in der Lean-Philosophie „Kata")	Routinen aufbrechen
Risiken minimieren	Risiken bewusst eingehen
Fehler vermeiden, Null Fehler als Ideal (FMEA, Six Sigma)	Fehler sind „part of the game"
Scheitern als Ausnahme, die zu vermeiden ist	Scheitern als Normalfall, mit dem man umgehen lernen muss

Diese Unterschiede sind durchaus ernst zu nehmen, da sie Ausdruck unterschiedlicher grundsätzlicher Einstellungen und somit auch „Kulturen" sind. Auf der einen Seite steht das optimierende Paradigma mit eher konservativem und absicherndem Verhalten; und auf der anderen Seite die Bereitschaft zum Durchbrechen des Althergebrachten, die mit der Freude am Risiko einhergeht.[4]

Machen Sie einmal ein kleines Gedankenexperiment und stellen sich den oder die typische QualitätsmanagerIn und den oder die typische InnovationsmanagerIn möglichst konkret vor. Vor Ihrem inneren Auge werden ganz sicher deutlich unterschiedliche Personen erscheinen, wenn Sie an das Aussehen, die Kleidung, das Alter, das Geschlecht, die Sprache, den Arbeitsplatz und das Verhalten dieser Personen denken, oder auch an die Dauer eines etwaigen Anstellungsverhältnisses in der jeweiligen Firma. Derartige unterschiedliche Bilder – wenn Sie sich aufgrund unserer individuellen persönlichen Erfahrungen und Einstellungen auch lediglich überlappen und nicht völlig decken – sind ein gutes Indiz dafür, dass es sich tatsächlich um unterschiedliche „Kulturen" handelt, wie man typischerweise Qualitätsmanagement bzw. Innovationsma-

---

[4] Aus der Systemtheorie – und daraus abgeleitet im Change Management – kennen wir die Unterscheidung zwischen Wandel 1. Ordnung (Anpassung, Optimierung) und Wandel 2. Ordnung (Musterwechsel), die hier auch deutlich zu erkennen ist.

nagement wahrnimmt und betreibt. Dies soll nun anhand eines in der Praxis häufig diskutierten Themas näher erläutert werden, und zwar der „Fehlerkultur", also des richtigen Umgangs mit Fehlern in Unternehmen.

4 „Fehlerkultur" – ein spannender Anlassfall

Fehler sind für das Wissensmanagement ein besonders interessantes Phänomen, denn sie geschehen zumeist in guter Absicht auf der Basis individuellen Vorwissens und individueller Erfahrung mit „bestem Wissen und Gewissen" (wenn man von Sabotage absieht, die wohl als pathologische Form zu bewerten ist). Man glaubt etwas richtig zu machen, was sich aber im Nachhinein als falsch herausstellt. Fehler haben dadurch immer eine „Tendenz zum Guten" und sind emotional besetzt. Diese Eigenschaft macht Fehler zu einem interessanten Feld für die Gewinnung neuer Erkenntnisse.

- In der Psychologie werden Fehler häufig als Symptome für tiefer liegende Konflikte interpretiert (man denke an die berühmten „Freud'schen Versprecher").

- In der Pädagogik beschäftigt man sich intensiv mit dem Thema des Lernens aus Fehlern (Probehandeln, Üben im geschützten Bereich, Verbessern von Lernmethoden).

- In eher „harten", zahlenbasierten Ansätzen der Betriebswirtschaft sind die Themen Fehlermanagement, Fehlervermeidung und Verringerung von Ausschuss wichtig.

- In qualitativ orientierten betriebswirtschaftlichen Ansätzen geht es eher um die fehlertolerante lernende Organisation und die Fehlerbehebung 2. Ordnung durch die Behebung von Fehlerursachen (Prozessoptimierung).

Fehler können je nach Sichtweise als willkommene Gelegenheit zum vertieften Erkenntnisgewinn und zum Lernen oder aber als zu vermeidender Störfaktor wahrgenommen werden. Beide Sichtweisen sind wertvoll für den betrieblichen Alltag; es kommt allerdings auf den jeweiligen Kontext an, welcher Sichtweise der Vorzug gegeben werden sollte. Die folgende Taxonomie von Fehlertypen im betrieblichen Umfeld wurde im Rahmen eines Forschungsprojekts des Bochumer Instituts für Angewandte Innovationsforschung entwickelt und liefert einen hilfreichen Orientierungsrahmen zu Typen, Ursachen und geeigneten Reaktionen auf Fehler:

Von mutigen Innovator und braven Optimierern

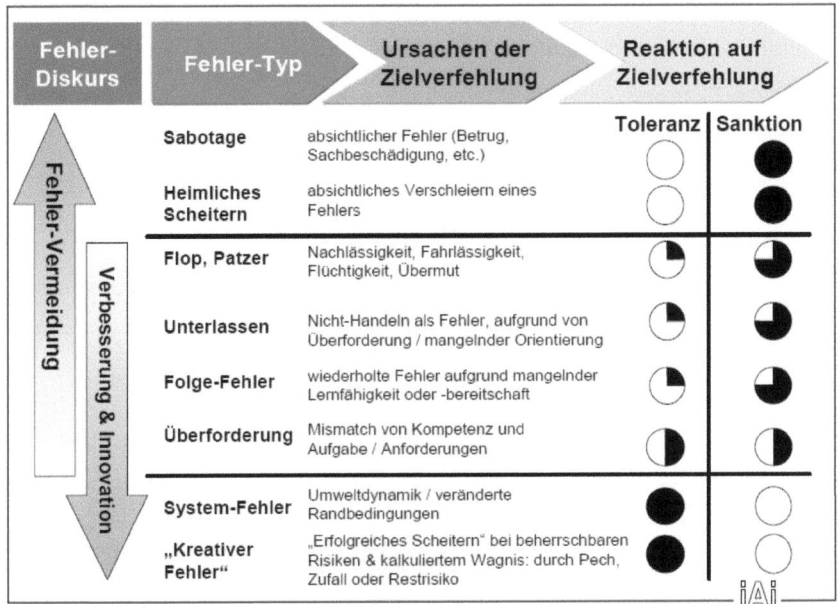

Abbildung 1: Orientierungsrahmen zu Fehlertypen (IAI 2009: 94)

Ein Beispiel im Umfeld von Qualitäts- und Innovationsmanagement soll hier einen differenzierten Zugang zum Umgang mit Fehlern erläutern, der zu wirkungsvollen Prozessverbesserungen führen kann. Ich hatte vor einigen Jahren im Rahmen meiner Tätigkeit als Qualitätsmanager in einem großen Software-Konzern mehrfach die Gelegenheit *Fehlerursachenanalysen* durchzuführen. Kurz die Eckpunkte eines dieser Projekte:

- Sicherheitsrelevante Software-Entwicklung eines komplexen Systems mit vielen Teilkomponenten (HW und SW)
- International verteilte Entwicklung mit mehreren Subteams
- Versionsentwicklung mit der Entwicklung mehrerer Versionen über mehrere Jahre hinweg

Im Integrations- und Systemtest ergaben sich sehr hohe Aufwände, da sich Fehler schwer eingrenzen ließen. Dies führte zu langen Terminverzögerungen bei der behördlichen Abnahme (Sicherheitsnachweis) und zu Schuldzuweisungen zwischen den Subteams. Trotz des Einsatzes von Fehlerdatenbanken mit der Erfassung von (vordergründigen) Fehlerursachen herrschte Unklarheit darüber, was eigentlich der tiefere Grund für diese spät erkannten Fehler war. In solchen Fällen hat sich eine systematische Fehlerursachenanalyse (engl. *root cause analysis* bzw. aus Gesamtprozess-Sicht *defect prevention process*) als Mittel der Wahl bewährt.[5] Besonders sinnvoll ist dabei eine Kombination von quantitativem und qualitativem Vorgehen:

- Analyse/Sichtung der Fehlerdatenbanken auf spezifische Fehlertypen und Fehlerhäufigkeiten
- Auswahl von repräsentativen „typischen" Fehlern je Subsystem
- Qualitative Interviews mit Vertretern der Subteams zur Erhebung der tieferen Ursachen für diese „typischen" Fehler
- Verdichtung der Erkenntnisse (quantifizierend und qualitativ-interpretativ)
- Moderierte Diskussion mit Vertretern der Subteams zur Abstimmung der Ergebnisse
- Gemeinsame Maßnahmendefinition und Umsetzung

In einem technischen Arbeitsumfeld werden Fehler in den meisten Fällen als etwas „Schlechtes" wahrgenommen, das tunlichst zu vermeiden ist; vom Fehlertypus handelt es sich vorwiegend um den mittleren Bereich in obiger Abbildung. Häufig geht es dabei um Missverständnisse bei Besprechungen, mangelhafte Dokumentation der Anforderungen, Unachtsamkeit (Schlamperei), mangelndes technisches oder fachliches Know-How, Schnittstellenprobleme oder technische Themen (Umgang mit Tools). Aus „Fehlern im System" werden im Projektalltag schnell individuelle Schuldzuweisungen, was die Zusammenarbeit stark belasten kann. Daher ist das sensible Aufdecken der tieferen Ursachen im persönlichen Interview eine besonders heikle, doch lohnende Angelegenheit.

Im konkreten Fall konnten Gründe für Fehlerhäufungen identifiziert und von den beteiligten Subteams akzeptiert werden (typisch etwa: mangelnde Qualität und Kommunikation von Anforderungsdokumenten; Testsystematik und Testautomatisierung). Dadurch konnten gezielte Verbesserungen im Entwicklungsprozess durchgeführt werden, was schließlich zu einer deutlichen Reduktion der Testaufwände führte. Ein derartiger diskursiver Umgang mit Fehlern kann so zu *inkrementellen Prozessinnovationen* führen, was gut zum Konzept der „lernenden Organisation" passt.

Für das Schaffen eines Umfelds zur Ermöglichung *radikaler Innovationen* ist ein solcher Zugang sicherlich zu konservativ und bewahrend. Da haben sich andere Mittel bewährt, die „erfolgreiches Scheitern" als wichtiges Handlungsmuster ermöglichen. Ähnlich wie in unserem Eingangsbeispiel (Abschnitt 2) empfiehlt eine Studie des IAI Bochum bei hohem Handlungsdruck den Einsatz von innerbetrieblichen „Partisanengruppen" (IAI 2009: 95). Hier geht es um

---

[5] Zu einer Übersicht der unterschiedlichen Methoden und Tools siehe Andersen/Fagerhaug (2006), zu den Details des hier skizzierten Vorgehens Lutz (2015: 357f.).

kleine schlagkräftige Einheiten, die aus etablierten Kontroll- und Regulierungssystemen herausgenommen werden, von Routinearbeiten entlastet werden und große Gestaltungsfreiräume erhalten. Dabei ist die Kompetenz und Motivation von Einzelpersonen besonders wichtig; die Handlungsanreize erfolgen im Wesentlichen durch die Art der Aufgabenstellung und ggf. durch zukünftige Karrierechancen.

Wenn man diese beiden Ansätze miteinander vergleicht, so kann man durchaus das Fazit ziehen, dass eine angepasste Fehlerkultur als Treiber sowohl für Qualität als auch Innovation wirksam werden kann. Konzepte zur „lernenden Organisation" sind entscheidend für Ansätze wie KVP (und damit Prozessinnovationen), und Lernen aus Fehlern funktioniert in einem solchen Umfeld gut. Folgende Faktoren sind dabei wichtig:

- „Systemisches" Herangehen mit Ursachenerforschung statt Schuldzuweisung
- Klima des Vertrauens; Fehler dürfen nicht tabuisiert werden
- Konfliktkultur: Fehler deutlich ansprechen, und auch Behebung und Lernen einfordern

Für Produktinnovationen ist die Toleranz gegenüber „kreativen Fehlern" unabdingbar, doch zusätzlich sind weitere Randbedingungen notwendig, wie die Abschottung vom Regelbetrieb und das Zulassen von „lustvollem Scheitern" als wichtigem Innovations-Antrieb.

5 Qualitäts- und Innovationsmanagement – zwei Seiten einer Medaille

Hier sollen einige weitere Herangehensweisen kurz angerissen werden, die die scheinbar gegensätzlichen Sichtweisen von Qualitäts- und Innovationsmanagement versöhnen können: Es geht eben nicht um Gegensätze, sondern um zwei Seiten einer Medaille, die je nach Kontext und Bedarf beide für den Unternehmenserfolg notwendig sind.

5.1 Agiles Projektmanagement und Effectuation

Die meisten Vorhaben im Qualitäts- und Innovationsmanagement werden als *Projekte* durchgeführt, und in diesem Umfeld hat sich in den letzten Jahren eine interessante Herangehensweise für das Entscheiden und Handeln unter Ungewissheit entwickelt, die als *Effectuation* bezeichnet wird und das Korsett rigiden Projektmanagements überwinden hilft. Effectuation hat Ähnlichkeiten mit den inzwischen weit verbreiteten Ansätzen agilen Projektmanagements (z.B. SCRUM, Pichler 2008), ist allerdings stärker auf Innovation und Entrepreneurship ausgerichtet. Saras Sarasvathy (2001) unterscheidet dabei zwischen dem kausalen Denken (das im klassischen Management vorherrscht) und dem effectualen Denken, das von gegebenen Mitteln und nicht fix vorgegeben Zielen ausgeht.[6] Im deutschen Sprachraum wurde dieser Ansatz besonders durch Michael Faschingbauer (2013) verbreitet.[7] Die wesentlichen Prinzipien:

- Mittelorientierung statt Zielorientierung
- Leistbarer Verlust statt erwarteter Erfolg
- Umstände und Zufälle nutzen statt vermeiden
- Partnerschaften statt Konkurrenz

Zusammenfassend kann man feststellen: Agile Vorgehensweisen im Projektmanagement und in besonderer Weise das Effectuation-Modell zielen darauf ab, bei Unsicherheit und wechselnden Anforderungen den Projekterfolg durch methodisches Vorgehen nicht dem Zufall zu überlassen, doch trotzdem flexibel auf sich verändernde Randbedingungen eingehen zu können.

5.2 Agiles Qualitätsmanagement

Ähnliche Entwicklungen kann man in allerletzter Zeit auch im Qualitätsmanagement beobachten. Im Herbst 2016 startete in der Deutschen Gesellschaft für Qualität (DGQ), lange Jahre ein Hort der Stabilität und des klassischen Qualitätsmanagements, eine Initiative für agiles Qualitätsmanagement (QZ 12/2016: 3). Fünfzehn Jahre nach dem legendären und folgenreichen agilen Manifest für Softwareentwicklung[8] bricht ein Arbeitskreis der DGQ in einem „Manifest für Agiles Qualitätsmanagement" mit vielen Glaubenssätzen des klassischen Qualitätsmanagements!

> „Das klassische Qualitätsmanagement ist in Phasen entstanden und ausgereift, als Unternehmen deutlich stabiler waren oder dafür gehalten wurden. Es wird den heute agierenden agilen Organisationen nicht gerecht. Das ist schädlich, weil das Qualitätsmanagement dort an Akzeptanz und Wirksamkeit verliert und somit auch Defizite bei der Produktqualität entstehen können. Wir brauchen ein agiles Qualitätsmanagement."[9]

---

[6] Für weiterführende Informationen und Hinweise zu neueren Publikationen siehe die umfangreiche Website http://www.effectuation.org [2016-12-12]

[7] Siehe auch http://www.effectuation.at [2016-12-12]

[8] http://agilemanifesto.org/iso/de/manifesto.html [2016-12-12]

[9] http://blog.dgq.de/manifest-fuer-agiles-qualitaetsmanagement/. Die Autoren des Manifests sind Benedikt Sommerhoff (Leitung Innovation und Transformation in der DGQ) gemeinsam mit dem DGQ-Fachkreis Qualitätsmanagement & Organisationsentwicklung [2016-12-12]

Hier die Übersicht der wichtigsten Prinzipien (aus dem DGQ-Blog):

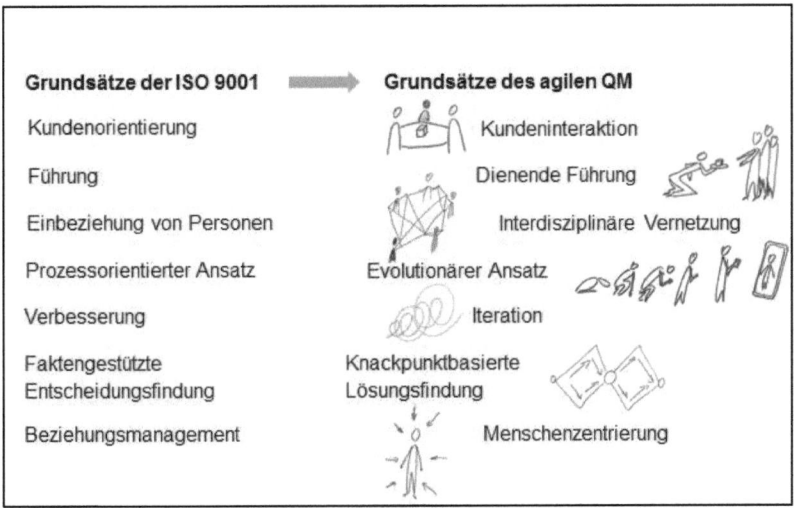

Abbildung 2: Manifest für Agiles Qualitätsmanagement der DGQ

Ein inhaltliches Eingehen auf diese agilen QM-Prinzipien würde den Rahmen dieses Artikels sprengen, dies geschieht im Überblick im DGQ-Blog. Es lässt sich allerdings zusammenfassend feststellen: Das sind jedenfalls deutliche Änderungen gegenüber bisherigen normenbasierten QM-Ansätzen (wie z.B. in der ISO 9001, der „Mutter aller Q-Normen" propagiert). Die Diskussionen der nächsten Monate und Jahre werden zeigen, wie sehr sich diese Änderungen im klassischen Qualitätsmanagement durchsetzen werden, und welche Folgen sie auf Methoden, Tätigkeiten und Rollen im betrieblichen Qualitätsmanagement haben werden. Die Diskussion ist eröffnet, und das ist sicherlich gut so.

5.3 Verschränkung unserer Studiengänge an der Donau-Universität Krems

An unserem Department für Wissens- und Kommunikationsmanagement (WuK) auf der Donau-Universität Krems bieten wir seit langem in zwei Zentren berufsbegleitende Studiengänge an (von Kurzlehrgängen, sogenannten Certified Programs, bis hin zu MSc- und MBA-Masterstudiengängen). In einem Zentrum lagen die inhaltlichen Schwerpunkte bisher im Bereich Journalismus, PR und Organisationskommunikation, im anderen Zentrum lagen die Schwerpunkte bei „Berufsprofilen für die Wissensgesellschaft", vom Qualitäts- und Prozessmanagement über Projektmanagement bis hin zu Change- und Innovationsmanagement.

In einem längeren Prozess diskutierten wir intensiv die Wichtigkeit und Notwendigkeit, unterschiedliche fachliche und methodische Ansätze in den Studiengängen zu kombinieren, um auf diese Weise für unsere Studierenden flexible Möglichkeiten anzubieten. In unserer immer komplexer werdenden Welt geht es ja ganz wesentlich darum, neben der eigenen fachlichen Spezialisierung immer auch das Andere mitzudenken und zu integrieren, und diese Idee sollte auch in unseren Studiengängen umgesetzt werden.

Wir landeten schließlich in einem gemeinsamen modular aufgebauten Studienangebot für das gesamte Department. Ein Modul ist jeweils eine größere inhaltlich in sich abgeschlossene Einheit mit sieben ECTS-Punkten, die aus einer Vorbereitungsphase besteht, sowie einer Präsenzphase (fünf Tage in Krems) und einer Nachbereitungsphase mit dem Schreiben einer Praxistransferarbeit, die den Zeugniserwerb für das Modul ermöglicht. Ein typisches Masterstudium besteht aus fünf Modulen für das (konsekutive) Kerncurriculum eines Studiengangs sowie flexibel wählbaren Wahlmodulen (typischerweise Module eines anderen Studiengangs oder Querschnittsthemen).

Inhaltlich gliederten wir die Themen aller Studiengänge in vier Cluster, und hier befinden wir uns wieder im Spannungsfeld zwischen den Paradigmen des optimierenden Qualitätsmanagements und des verändernden Innovationsmanagements (in unserem Ansatz wurden die Cluster Performance Excellence und Change & Innovation benannt). Zusätzlich ergaben sich die weiteren Schwerpunkte der Fachkommunikation und journalistisch geprägter Kommunikation:

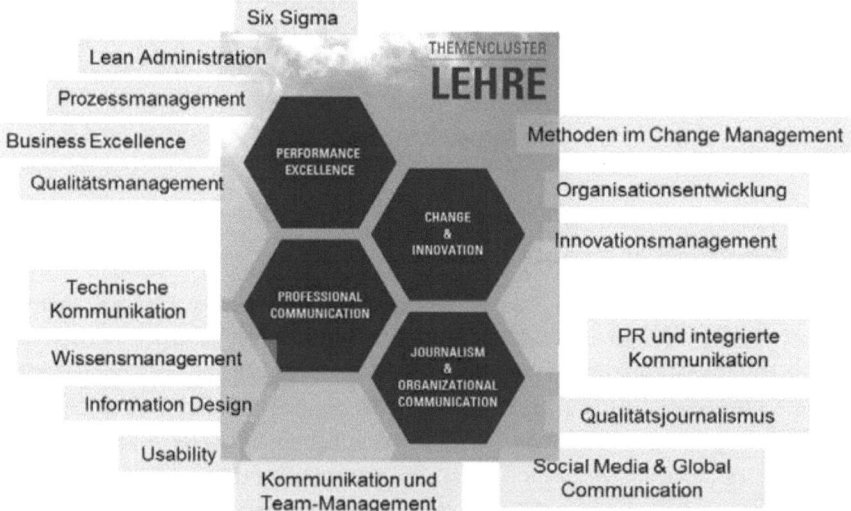

Abbildung 3: Cluster und beispielhafte Themen der Lehrgänge am Department für Wissens- und Kommunikationsmanagement der Donau-Universität Krems

Die Kernmodule eines Lehrgangs sind klar einem Cluster zuordenbar, doch die Wahlfächer können flexibel gewählt werden. Auf diese Weise kann man neuartige Kombinationen wählen, z.B. ein Studium der Organisationskommunikation (ein bisher rein kommunikationswissenschaftlich geprägtes Studium) mit Projekt- oder Qualitätsmanagement kombinieren, was sicherlich hilfreich für das gegenseitige Verständnis der MitarbeiterInnen von Stabsstellen für Unternehmenskommunikation und Qualitätsmanagement sein kann. Auf der anderen Seite können sich QM- oder Lean Operations Management-Studierende z.B. vertiefend mit Themen des Innovationsmanagements und der Kommunikation in Teams beschäftigen, was vermutlich für die Akzeptanz ihres Agierens im Unternehmen hilfreich sein kann.

Erste Erfahrungen bei einzelnen Modulen (z.B. für Change Management mit TeilnehmerInnen aus Kommunikations- und Qualitätsmanagement-Lehrgängen) lassen bereits erkennen, dass ein derartiger Ansatz nicht nur inhaltlich nützlich ist, sondern auch persönlich bereichernd, da man in der Präsenzphase ganz konkret erlebt, wie „die anderen" jeweils „ticken". Besonders in den Gruppenarbeiten muss man sich „zusammenraufen", was das gegenseitige Verständnis fördert und auch zu innovativen Lösungen führen kann.

6 Resümee

Qualitäts- und Innovationsmanagement sollten nicht als Gegensätze gesehen werden, sondern als sich gegenseitig bereichernde Herangehensweisen für die Entwicklung und den langfristigen Erfolg von Organisationen. Eine integrative wissensorientierte Sichtweise kann dabei helfen, die Grenzen von Disziplinen zu überschreiten und scheinbare Gegensätze zu überwinden. Was man dabei aber nicht vergessen sollte: Wie für die Wissenschaft bei inter- und transdisziplinärem Vorgehen ist es auch in der angewandten Umsetzung von Bedeutung, die jeweiligen Disziplinen und deren Methodenrepertoire professionell zu beherrschen, und nicht in einem undifferenzierten und unspezifischen Vorgehen zu enden.

7 Literatur

Andersen, B./Fagerhaug, T. (2006): Root Cause Analysis: Simplified Tools and Techniques. Milwaukee, Wisc.: ASQ Quality Press.

Christensen, C. (2007): The innovator's dilemma: when new technologies cause great firms to fail. Boston, Mass.: Harvard Business Review Press.

Faschingbauer, M. (2013): Effectuation: Wie erfolgreiche Unternehmer denken, entscheiden und handeln. Stuttgart: Schäffer-Poeschel.

IAI (2009): Jahresbericht des Instituts für Angewandte Innovationsforschung 2008/2009. Bochum: http://www.iai-bochum.de/fileadmin/mediadaten/Publikationen/Jahresberichte/jahresbericht_2008_2009.pdf

Kim, D. Y./Kumar, V./Kumar, U. (2012): Relationship between quality management practices and innovation. In: Journal of operations management 30(4): 295-315.

Lutz, B. (2015): Verständlichkeitsforschung transdisziplinär. Plädoyer für eine anwenderfreundliche Wissensgesellschaft. Göttingen: V&R unipress.

Pichler, R. (2008): Scrum – Agiles Projektmanagement erfolgreich umsetzen. Heidelberg: dpunkt Verlag.

QZ (2016): Qualität und Zuverlässigkeit. Die Zeitschrift für Qualitätsmanagement und Qualitätssicherung. Ausgabe 12/2016.

Sarasvathy, S. (2001): Causation and effectuation: Toward a theoretical shift from economic inevitability to entrepreneurial contingency. In: Academy of management Review 26(2): 243-263.

wien.mags.wissen. Wie Wissensmanagement vom Projekt in die Linie kommt

Erfahrungen und Empfehlungen

Isabella Mader, Anabela Horta

Magistrat der Stadt Wien

anabela.horta@wien.gv.at; isabella.mader@excellence-institute.at

Nach einem Strategieprojekt und einem Pilot Roll-Out erfolgte 2015 plangemäß die Übergabe von Wissensmanagement in die Linie und die Fortsetzung des Roll-Out Prozesses bei den Dienststellen der Stadt Wien.

Der Beitrag behandelt Erfahrungen und Erfolgsfaktoren, die im Rahmen der Übergabe in die Linie gesammelt wurden sowie Empfehlungen für die Umsetzung und das Ankommen von Wissensmanagement im Alltag und in den Prozessen. Bester Erfolgsfaktor neben Bedarfsorientierung und Inklusion sind spürbare Ergebnisse!

1 Strategie

Für das von der Magistratsdirektion der Stadt Wien initiierte Strategieprojekt *wien mags wissen* wurden Team-Mitglieder aus verschiedenen Fachbereichen gewonnen. Handlungsbedarfe und Rahmenbedingungen wurden geklärt, Strategie und Tools zur Selbsteinschätzung sowie eine Toolselektionshilfe und eine Toolbox entwickelt und im Weiteren ein Leitfaden und ein Umsetzungsprozess für den Roll-Out erarbeitet.

Folgende Prinzipien werden von Beginn an konsequent allen Schritten oder Teilprojekten zugrunde gelegt:

- Systematische und strategieorientierte Vorgehensweise
- Maximale Anpassung an Bedarfe
- Leichtgewichtige Arbeitsweise, wenige verbindliche Vorgaben, die einen ausreichendem Freiraum ermöglichen
- Selbststeuernd in der Umsetzung
- Community-getrieben, breite Basis

Die Strategie wurde in einem communitygetriebenen Ansatz erstellt und folgte dem InfoMap Modell (Mader/Herget 2008), das folgende vier Elemente vorsieht:

- Selfcheck

    Als Hilfe zur Identifizierung von Wissensmanagement Handlungsbedarfen wird ein an die Organisation angepasster Wissensmanagement Selfcheck erstellt. Dabei werden auf Basis der Organisationsstrategie von einem Projektteam einzelne Wissensmanagement-Fragen formuliert, um damit sicherzustellen, dass der systematische und zielgerichtete Umgang mit der Ressource Wissen die Strategie der Organisation unterstützt.

- Auswertung und Zielformulierung

    Aus den Ergebnissen des Selfchecks wird zu einer Zielformulierung weitergeleitet, um sicherzustellen, dass neben einer Bedarfserhebung auch Wissens(management)-Ziele definiert werden und nicht nur die Einführung eines einzelnen Tools forciert wird.

- Toolselektionshilfe

    In einem weiteren Schritt werden selektierte Tools den einzelnen Fragen des Selfchecks gegenüber gestellt und eine Toolselektionshilfe generiert, die in Abhängigkeit von der Dringlichkeit der Handlungsbedarfe mehrere passende Methoden oder Tools vorschlägt.

- Toolbox

    In Ergänzung der Toolselektionshilfe beschreibt eine ebenfalls vom Projektteam erarbeitete Toolbox die verschiedenen Methoden und erklärt Einsatzgebiete sowie Vor- und Nachteile.

Auch wurden noch ein Leitfaden und magistratsweit gültige Mindeststandards definiert. Abbildung 1 illustriert die Mindeststandards, die aus nur fünf Punkten bestehen:

8. Beschäftigung mit Wissensmanagement auf Führungsebene (Bewusstseinsbildung und Sensibilisierung, Förderung von Wissensaustausch, Förderung von Kreativität und Innovation)
9. Regelmäßige Durchführung des Selfchecks
10. Festlegung von Wissenszielen auf Grundlage der festgestellten Bedarfe
11. Ableiten und Umsetzen von Maßnahmen, um die Ziele zu erreichen
12. Evaluation von Maßnahmen und Weiterentwicklung

Dieser Zyklus soll im Idealfall jährlich durchlaufen werden.

Sieben Pilot-Dienststellen erprobten die entwickelten Werkzeuge und den Prozess in der Praxis. Sie identifizierten ihre Handlungsbedarfe mithilfe des Selfchecks, definierten für ihre Dienststellen Wissens(management)-Ziele und setzten entweder Methoden aus der Toolbox oder andere Maßnahmen ein, um ihre Ziele zu erreichen.

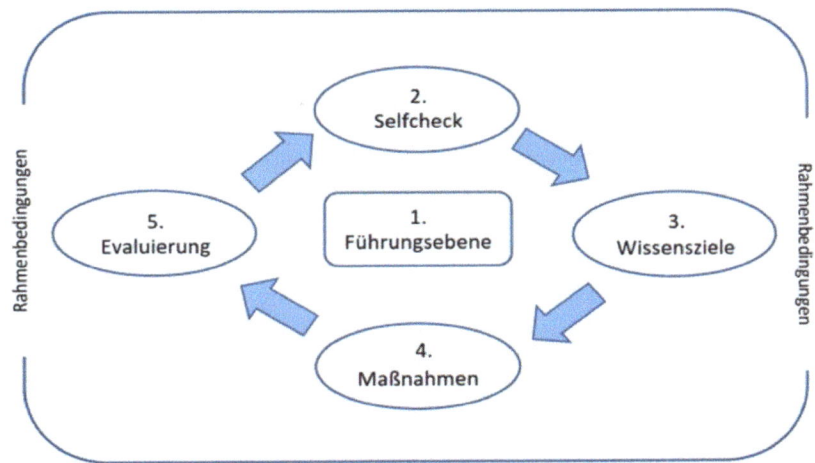

Abbildung 1: Wissensmanagement Mindeststandards der Stadt Wien
(Quelle: wien mags wissen, Wissensmanagement in der Stadt Wien,
Magistrat der Stadt Wien)

Angefangen mit den ersten sieben Pilotdienststellen bis zum aktuellen Rollout 4 Ende 2016 zeigen sich als häufigste Bedarfe die beiden folgenden:

- *Durchführung der Wissensrisikoanalyse*
  Diese Anforderung ist Teil des Selfchecks. Dabei soll ein sytematischer Überblick erstellt werden, in welches Knowhow für welche Aufgabe erforderlich ist und wie viele Personen darüber verfügen und wo mit Wissensverlusten durch Fluktuation zu rechnen ist. Außerdem soll dabei eine Einschhätzung vorgenommen werden, wie lange es dauert, dieses Wissen (wieder) zu erwerben. Diese Informationen bieten eine wichtige Basis für die Maßnahmenplanung und –umsetzung.

- *Wissensverteilung und –bewahrung bei Personen-
  und Aufgabenwechsel optimieren*
  Der Bedarf nach systematischem Wissenstransfer von implizitem Wissen (jenseits klassischer Einschulungen) stellt sich bei einigen Dienststellen aufgrund des steigenden Altersdurchschnitts der Mitarbeitenden und den damit verbundenen Ruhestandsversetzungen. Aber auch die Mobilität der Mitarbeitenden innerhalb eines großen internen Arbeitsmarktes erfordert Maßnahmen, die sicherstellen, dass relevantes Wissen weitergeben wird.

2 Übergabe in die Linie

Nach einem Pilot Rollout 2014 mit sieben Dienststellen startete im Herbst 2015 mit sechs weiteren Dienststellen der „Rollout 2" als erster Standardprozess zur Übergabe des Projektes in die Linie. Jährlich werden derzeit zwei Rollout-Zyklen gestartet. Im Frühjahr 2016 wurde der Rollout 3 gestartet, im September 2016 begann der Rollout 4. Insgesamt betreiben damit nun bereits 24 von rund 70 Dienststellen Wissensmanagement im betrieblichen Alltag. Die Dienststellen werden dabei von der Gruppe Verwaltungsakademie und Personalentwicklung begleitet.

Jeder Rollout-Zyklus enthält

- ein Auftaktgespräch mit der Dienststellenleitung
- eine gemeinsame Kick-off-Veranstaltung für die Dienststellen jedes Rollout-Zyklus
- ein Basis-Seminar für die Selfcheck-Bewertungsteams
- einen Workshop zu Selfcheck, Wissenszielen und Maßnahmenplanung
- einen Lessons Learned Workshop nach 1 Jahr zum Präsentieren und Evaluieren der Ergebnisse und zum Verabschieden weiterer Maßnahmen.

3 Rollout Prozess

Entsprechend der Erfahrungen der ersten sieben Pilotdienststellen wurde folgende Vorgehensweise entwickelt, die sich in der Praxis nun schon im dritten Jahr bewährt.

1. *Bilden eines Wissens(management) Teams*
   In den Dienststellen wird ein breit aufgestelltes Teams zusammen gestellt, unterstützt von der Führung. Dabei wird darauf geachtet, möglichst relevante Unterstützerinnen und Unterstützer zu gewinnen (Kotter 2012) und damit auch einen umfassenden Blick auf die Bedarfe zu ermöglichen.

2. *Kick-off und Basis-Seminar*
   Durchführung eines Wissensmanagement-Briefings, um Führungskräfte und das Wissens(management)-Team über die Zielsetzungen der Initiative wien mags wissen zu informieren. Schulung des Wissensmanagement-Teams in Wissensmanagement Grundlagen, in der Verwendung der Tools und in deren Umsetzung. Jede Dienststelle schätzt für sich mögliche Handlungsbedarfe sowie Ziele ein und sammelt Ideen für Maßnahmen.

3. *Bedarfserhebung und Selfcheck*
   Durchführung der Bedarfserhebung in den Dienststellen mithilfe des Selfchecks.

4. *Workshop zu Selfcheck, Wissenszielen und Maßnahmenplanung*
   Mit den Ergebnissen aus dem Selfcheck folgt ein gemeinsamer Workshop für alle Dienststellen des jeweiligen Rollout-Zyklus. Die Dienststellen erhalten dabei Beratung und Begleitung für die ganz konkrete Zielformulierung und ihre Toolselektion und erarbeiten die weitere Vorgehensweise.

5. *Rollout in den Dienststellen*
   Während der Umsetzung in den Dienststellen besteht weiterhin die Möglichkeit, jederzeit Beratung einzuholen oder sich mit der Community of Practice (siehe 5.) auszutauschen.

6. *Präsentation und Evaluation der Ergebnisse, Lessons Learned und Ausblick*
   Nach ungefähr einem Jahr findet ein Lessons Learned Workshop statt, der einerseits einer Feedbackschleife und Evaluierung dient und andererseits einen Ausblick und weitere Vorgehensweise absteckt.

Abbildung 2 illustriert die Vorgehensweise der Rollout-Zyklen.

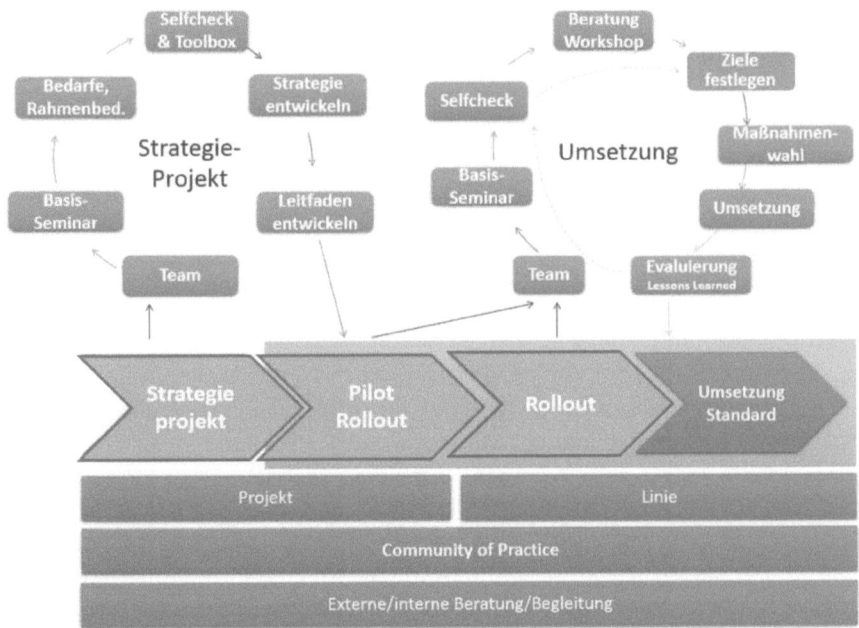

Abbildung 2: Rollout Zyklus für das Wissensmanagement der Stadt Wien
(Quelle: Magistrat der Stadt Wien)

4 Erfolgsfaktoren

Aus mehreren Lessons Learned Workshops und durch inzwischen drei Jahre Implementierungserfahrung ergaben sich konsequent gesammelte Lessons Learned, aus denen Erfolgsfaktoren abgeleitet wurden. Diese lassen sich neben bekannten Erfolgsfaktoren des Wissensmanagements (Lehner 2008) sehr knapp in wenigen Punkten zusammenfassen.

Durch Einbeziehung und gemeinsame Beschäftigung mit dem Self-Check wird gleichzeitig der Wandel zur Wissenskultur gefördert und ein Bewusstseins für das Thema geschaffen.

Der Fokus sollte klar auf einer Bedarfsorientierung liegen. Von rein toolgetriebener Einführung ist abzuraten. Nutzenorientierung scheint einer der besten Erfolgsfaktoren zu sein: insbesondere sollte mehr Effizienzgewinn erzielt werden als Zeit investiert wird. Bezüglich eines Berichtswesen wird empfohlen, sehr dosiert vorzugehen: bei einzelnen Maßnahmen sind die erzielten Effizienzgewinne in der ersten Phase unter Umständen gering oder schwer messbar. Ein Berichtswesen könnte deshalb durchaus mehr an Zeit konsumieren als an Effizienz generiert wird, weshalb es angeraten erscheint, von zusätzlich geschaffener Bürokratie Abstand zu nehmen.

Bester Erfolgsfaktor jedoch sind sicherlich die Ergebnisse: Der Erfolg und die weitere dynamische Verbreitung in einer komplexen Großorganisation liegen vornehmlich daran, dass wirksame Ergebnisse erzielt werden, die sich dann herumsprechen.

5 Community of Practice

Die während des Strategie- und Umsetzungsprojektes initiierte Community of Practice (CoP) unterstützt bei der Einführung und wird mit jedem Rolloutzyklus erweitert. Sie ist ein wichtiges strategisches Element. Die im Rahmen von *wien mags wissen* gestartete CoP war die erste, dienststellenübergreifende Wissensmanagement-Initiative. Das erste CoP-Treffen fand im Juli 2014 statt. Eingeladen waren alle Personen, die die Basisschulung für die Pilot-Dienststellen besucht hatten oder Teil des Wissensmanagement Projektteams waren. 2015 und 2016 wurde die Gruppe um Teilnehmende des Rollout 2, Rollout 3 sowie Rollout 4 sowie um Anwenderinnen und Anwender des Wiener Krankenanstaltenverbundes, der Wien Holding GmbH, der Wiener Wirtschaftsagentur, dem Konzern Wiener Stadtwerke und dem Fonds Soziales Wien erweitert.

Erfahrene KollegInnen stehen dabei Anwenderinnen und Anwendern der nächsten Rollout Prozesse im Rahmen einer PraktikerInnen-Gemeinschaft zum

Erfahrungsaustausch zur Verfügung. Die CoP entwickelt auch neue Instrumente und unterstützt dienststellenübergreifende Initiativen. Im regelmäßigen Erfahrungsaustausch werden neue Projekte und Methoden vorgestellt und diskutiert oder Lösungen erarbeitet und getestet.

Wesentlich für das Gelingen der CoP, ist das sogenannte CoP-Kernteam, das aus ca 7 Personen (unterschiedlicher Dienststellen) besteht, die die CoP-Treffen vorbereiten und durchführen.

6 Schulungsangebot

Ergänzend zu den Workshops, die im Rahmen des Rollouts durchgeführt werden, werden von der Verwaltungsakademie der Stadt Wien Spezialseminare zu Wissensmanagement angeboten:

- Wissen managen – Grundlagenseminar
- Als Führungskraft Wissensmanagement initiieren und umsetzen
- QM – CAF im Magistrat der Stadt Wien mit Wissensorientierung zu nachhaltigem und ganzheitlichem Qualitätsdenken
- Wissenstransfer mit Schwerpunkt Wissensstafette

7 Institutionalisierung

Mit Oktober 2015 wurde die Verantwortung für das magistratsweite Wissensmanagement der MD – Geschäftsbereich Personal und Revision, Gruppe Verwaltungsakademie und Personalentwicklung übertragen.

Die Aufgaben und Verantwortungen des magistratsweiten Wissensmanagement umfassen u.a.:

- strategisches Wissensmanagement, Verantwortung für die Wissensmanagement-Instrumente,
- Durchführung des magistratsweiten Rollout (inklusive entsprechender Qualifizierungs- und Vernetzungsangebote),
- Koordination und Weiterentwicklung der Community of Practice (CoP),
- interne und externe Vernetzungsplattformen,
- Wissensmanagement-Plattform wien mags wissen,
- Qualifizierungsangebot (Seminare, Workshops) zum Thema Wissensmanagement, Wissensbericht,
- internationale und nationale Aktivitäten,
- die Begleitung der Dienststellen im Wissensmanagement-Rollout.

8 Ausblick – wie geht es weiter?

Wissensmanagement ist auch nach Ende der Projektphase für den Magistrat von strategischer Relevanz. Wissensmanagement fand sogar in die aktuelle Koalitionsvereinbarung der Ende 2015 neu gewählten Stadtregierung Eingang. Um eine qualitative Umsetzung der Wissensmanagement-Mindeststandards in den Dienststellen zu gewährleisten, wurde nach der Evaluierung des Rollout 1 von der Bereichsdirektorin für Personal und Revision Martina Schmied entschieden, den Rollout gezielt fortzusetzen.

Seit Oktober 2015 ist nun die Magistratsdirektion – Personal und Revision, Gruppe Verwaltungsakademie und Personalentwicklung, für das magistratsweite Wissensmanagement verantwortlich. Die Initiative *wien mags wissen* ist nun somit, nach Projektende, an die Linie übergeben und wird jährlich mit derzeit zwei Rollout Zyklen konsequent im betrieblichen Alltag verankert.

9 Literatur/Grundlagen

Kotter, J. (2011): Leading Change. München: Vahlen

Lehner, F. (2008): Know Metrix. Ein neuer Ansatz zur Erfolgsmessung im Wissensmanagement und erste Praxiserfahrungen. KnowTech, Frankfurt/Main

Mader, I./Herget, J. (2009): InfoMap – Ein Meta-Instrument zur Evaluation des Wissens- und Informationsmanagements. DGI, Frankfurt/Main.

Horta, Anabela/Sattelberger-Socher, Sonja/Weinke, Ulla/Mader, Isabella (2015): Das Wissensmanagement einer Wissensstadt. Perspektiven Heft Wissenstadt Wien. Bohmann, Wien, 01/2015

Horta, Anabela/Sattelberger-Socher, Sonja/Weinke, Ulla (2016): „wien mags wissen" Wissensmanagement der Stadt Wien. Perspektiven Heft Motivation durch Kommunikation. Bohmann, Wien, 01/2016

wien mags wissen, Wissensmanagement in der Stadt Wien (2015). Medieninhaber und Herausgeber: Stadt Wien – Presse- und Informationsdienst (MA 53), Rathaus, 1082 Wien

Wissensmanagement 4.0

Gerald Martinetz

Mindbreeze GmbH

Gerald.Martinetz@fabasoft.com

1 Damit Sie wissen, was Ihr Unternehmen weiß

Wissen ist das Öl für Innovationen – es ist wertvoll und essenziel für die Industrie 4.0. Darum ist es umso wichtiger, Wissen als das zu sehen, was es ist: eine Ressource. Und so wie jede Ressource können auch Daten verschwendet oder eben durch den richtigen Umgang effizient genutzt werden. Für ein sinnvolles Wissensmanagement reicht es schon lange nicht mehr aus, über bestehende Informationen nur zu verfügen. Es muss leichtgewichtig, intelligent und umfassend sein – um nur einige Schlagwörter zu nennen.

Zukunftsweisende Technologien, wie Insight Engines, unterstützen dabei, verstreute Daten und Informationen zu verknüpfen und effizient einzusetzen. Für viele Unternehmen ist das nichts Neues – sie nutzen schon heute Suchanwendungen, mit denen sie unternehmensweit Informationen schnell und einfach finden.

Doch da geht noch mehr!

1.1 Insight Engine – das Wissensmanagement von Heute

Intelligentes Wissensmanagement beginnt mit der Einführung einer Insight Engine Anwendung: Insight Engines verknüpfen alle vorhandenen Informationen aus Archiven, Dokumentenmanagementsystemen, lokalen File-Systemen und Cloud-Anwendungen. Hier spielt die semantische Harmonisierung von Daten aus unterschiedlichen Quellen eine wichtige Rolle. Eine semantische Analyse verknüpft automatisch interne und externe Daten (e.g. aus der Cloud) miteinander. Daraus bildet sich eine Wissensdatenbank, welche verschiedenste Informationen beinhaltet und zur Verfügung stellt. Durch Extrahieren der Daten und Klassifizieren von Dokumenten kann relevantes Wissen schnell wiedergefunden und Mitarbeitern jeder Abteilung zur Verfügung gestellt werden. Insbesondere auch unstrukturierte Daten, wie E-Mails oder Social Media Posts, können so schnell und einfach durchsucht, Fakten extrahiert und somit effizient genutzt werden.

Es entsteht eine gewisse Datentransparenz im Unternehmen, die mit Vorsicht zu genießen ist. Darum berücksichtigen intelligente Insight Engine Anwendungen bei der Suche, dass nicht jeder Mitarbeiter für jede Information autorisiert ist. Das System zeigt nur jenen Benutzern die Daten, für welche sie die benötigten Rechte aufweisen. Ständiges Verifizieren ermöglicht eine genaue Kontrolle der Zugriffe, damit auch sensible Daten geschützt sind.

Doch smarte Systeme sind noch viel mehr als ein Suchfeld mit Trefferliste – nicht nur einzelne Treffer zu einem Begriff sind von Bedeutung. Insight Engines zeigen eine Darstellung von übergeordneten, meist komplexen, Zusammenhängen zwischen relevanten Informationen. Dadurch werden Konstellationen und Muster sichtbar, die unbewusst wichtig für ein umfassendes Verständnis sind. 360-Grad-Sichten zeigen eine konsolidierte Sicht aller relevanten Informationen auf ein Thema, eine Fragestellung mit interessantem Zusatzwissen und bietet so alles zu einem Produkt, einem Kunden, usw. auf einen Blick. Diese Übersicht bietet oft sogar Antworten auf gar nicht gestellte Fragen, aber durchaus wichtige Fakten.

Sämtliche Informationen werden über Konnektoren stets aktuell gehalten.

2 Trends im Wissensmanagement

Der Trend geht klar Richtung Big Data Analytics und den sogenannten Insight Engines. Es wird zunehmend wichtiger für die Industrie 4.0, da zu den bereits alltäglich anfallenden Daten künftig immer mehr Daten von Maschinen, Prozessen, Supply Center, etc. hinzukommen: Durch die Integration von Industrie 4.0 bzw. IoT-Lösungen fallen große Volumina an und die Menge an unstrukturierten Daten steigt, z. B. Trends wie beispielsweise Health-Tracking im Bereich Gesundheitswesen liefern immer mehr Daten, die gekonnt verarbeitet werden müssen. Zusätzlich vernetzen so genannte Smart Factories alle Komponenten einer Maschine und lassen sie miteinander kommunizieren. Verfügbare Ressourcen können somit hoch automatisiert optimal und kostenschonend eingesetzt werden. Damit ist eine Realisierung von individuellen Kundenwünschen zu Kosten einer Großserienproduktion möglich.

Weitere Top-Prioritäten für den Endanwender sind die explorative Navigation durch Information und deren Visualisierung. Self-Service-IT gewinnt immer mehr an Beliebtheit. Eine kontextualisierte Datenvisualisierung hilft Mitarbeitern komplexe Themen schneller als bisher zu erfassen oder Kunden besser kennenzulernen. Aus den 360-Grad-Sichten auf Personen, Produkte und Themen lassen sich klar definierte Aktionspläne in Sachen Verkauf, Servicierung oder Problemlösung ableiten.

Intellektuelle Fließbandarbeit wird durch intelligente Systeme basierend auf Machine Learning vermieden. Es erkennt semantische Zusammenhänge und versteht Informationen, für den effektiveren Einsatz von Arbeitsressourcen. Predictive Analytics stellt auf Basis von verfügbaren Daten verlässliche Prognosen und wird bereits in Tätigkeitsfeldern wie der automatischen Posteingangsklassifizierung eingesetzt. Daten von Maschinen liefert Predictive Maintenance. Daraus leiten Analysten Muster ab, zum Beispiel die Verhaltensweisen oder Veränderungen an Sensoren. Durch dieses Echtzeitwarnsystem können Schäden vorhergesagt und entsprechend behoben werden.

Zusätzlich können durch kontinuierlichen Einsatz von Wissensmanagement neue Business-Modelle entstehen: Unternehmensdaten werden in einen neuen Kontext gestellt und auf neuartige Weise verknüpft. Dieser Trend ist besonders stark in den USA vorzufinden, schwappt aber immer mehr nach Europa über. Daraus ergibt sich ein Paradigmenwechsel am Markt, ab sofort gewinnt nicht mehr „Groß gegen Klein" sondern „Schnell gegen Langsam". Ein Start-up, das Innovation auf seine Fahne geschrieben hat, drängt schnell einen Großbetrieb ab, der die digitale Transformation verschläft.

Zu den wohl größten Hindernissen für die Verknüpfung von Daten gehören die organisatorischen und technischen Silos. Durch eine leichtgewichtige Datenintegration bleiben die Daten jedoch dort, wo sie entstanden sind – das System stellt eben nicht die gesamte Unternehmensorganisation oder IT-Landschaft auf den Kopf. Diese Integration der Daten entwickelt sich schon heute zunehmend zu einem Standard und findet vermehrt Anwendung in Enterprise-Portalen.

2.1 Bis hierhin und nicht weiter? Die Zukunft des Wissensmanagements

Ende des 19. Jahrhundert waren die Menschen davon überzeugt, dass alles was es zu erfinden gibt, bereits erfunden ist. Und dennoch wurden im 20. und 21. Jahrhundert einige der wichtigsten Erfindungen für die Menschheit entdeckt.

Für Innovatoren im Bereich Wissensmanagement, ist der nächste logische Schritt ganz klar: Insight Engines. Selbstlernende Enterprise Search Systeme die Inhalte verstehen, verknüpfen und auf Fragen im jeweiligen Kontext korrekte und faktenbasierte Antworten zu geben.

Softwaresysteme werden immer intelligenter und treffen Entscheidungen aufgrund von Erfahrung. Spezielle Programme ermöglichen beispielsweise Robotern, dem menschlichen Sein nachzustreben sowie eigenständige Entscheidungen zu treffen oder alltäglichen Dingen wie Autos vollkommen selbstständig von A nach B zu fahren. Eine faszinierende Vorstellung, diese Humanisierung für das Wissensmanagement nutzbar zu machen. Das Resultat wäre nicht nur ein optimierter, sondern auch natürlicher Umgang mit unternehmensinternem Wissen.

Daraus ergäbe sich ein Dialog zwischen Mensch und Maschine. Laut Gartner werden bereits 2018 ca. 30% der technologischen Interaktion aus „Gesprächen" mit „Smart Machines" bestehen. Das System erkennt die Frage als solches und findet eine punktgenaue Antwort, fragt nach oder nennt gegebenenfalls Optionen. Die seitenlangen Ergebnisse, die heute noch oft von Suchmaschinen ausgegeben werden, gehören der Vergangenheit an.

Autonomie wird ein wichtiges Schlagwort des zukünftigen Wissensmanagements. Eine gewisse Selbstständigkeit von Enterprise Search ergibt sich durch Funktionalitäten wie Machine Learning oder meaning-based Computing. Durch Deep Learning, als Teil von Machine Learning, entwickelt das System ein neuronales Netzwerk, das das selbstständige Erlernen von neuen Aufgaben, das Organisieren von Informationen und dem Finden von Mustern ermöglicht. Dadurch eröffnen sich hochwertige Vorhersagen, die bei wichtigen Entscheidungen unterstützen, ohne Eingreifen eines Mitarbeiters aus Fleisch und Blut. Informationen werden losgelöst von der Datenquelle erkannt und verarbeitet.

Diese Entwicklungen sind aber noch lange nicht alles: Enterprise Search wird künftig mehr als „Plug&Play" gesehen – Unternehmen fordern Lösungen die einfach out-of-the-box funktionieren und keine langwierigen komplexen IT-Projekte. Es unterstützt bei der einfachen Einbindung in den Arbeitsalltag unter Berücksichtigung der Usability für nicht technikversierte Mitarbeiter und zeigt relevantes Wissen mit interessanten Zusatzinformationen an.

3 Fazit

Wissensmanagement ist und wird immer mehr der zentrale Aspekt zur Steigerung der Unternehmensperformance, Sicherung der Wettbewerbsfähigkeit und dem sinnvollen Handling von Wissen. IoT verknüpft immer mehr Komponenten und Maschinen miteinander, für die Bewältigung dieser Daten ist Enterprise Search entscheidend.

Und auch die Industrie 4.0 benötigt eine hohe, möglichst automatisierte Intelligenz, die dafür sorgt, dass Betreiber und Mitarbeiter das Optimum aus dem System ziehen – dafür führen intelligente Anwendungen Suchvorgänge und Klassifizierungen völlig automatisch aus. Web-Harvesting, Entities, Sprachverständnis und branchenspezifisches Unternehmensvokabular sind für einige Enterprise Search-Anbieter bereits heute schon Standard. Durch das Erkennen von Zusammenhängen bzw. das Anzeigen von wichtigen Informationen und

Zusatzwissen (360-Grad-Sicht) bekommt man schon jetzt einen ersten Vorgeschmack auf die künstliche Intelligenz, die Unternehmen noch erwartet.

Mehr dazu in der aktuellen Studie von Forrester „Let Modern Search Solutions Be ‚The Brains' Of Your Enterprise" – https://www.mindbreeze.com/de/forrester-consulting-thought-leadership-paper-2016.

4 Literatur

Barnett, R. (2007): Designing Useable Forms: Success Guaranteed. In: http://www.bfma.org/resource/resmgr/Articles/07_46.pdf (14.6.2012)

Christmann, U./Groeben, N. (2001): Psychologie des Lesens. In: Franzmann, B. et al. (Hrsg.): 145-223.

Franzmann, B. et al. (Hrsg. 2001): Handbuch Lesen. Baltmannsweiler: Schneider Verlag Hohengehren.

Göpferich, S. (2002): Textproduktion im Zeitalter der Globalisierung. Entwicklung einer Didaktik des Wissenstransfers. Tübingen: Stauffenburg.

LeFevre, J.-A./Dixon, P. (1986): Do written instructions need examples? In: Cognition and Instruction 3 (1): 1-30.

Nielsen, J. (1999): Designing Web Usability: The Practice of Simplicity. Indianapolis: New Riders.

Reinhardt, R./Eppler, M. (Hrsg. 2004): Wissenskommunikation in Organisationen. Methoden – Instrumente – Theorien. Heidelberg: Springer.

Erfolgreich durch Design Thinking

Entwicklung von verbraucherorientierten und innovativen Lösungen im digitalen Zeitalter

Astrid Menzl

PDA Group Gmbh

astrid.menzl@pdagroup.net

1 Einführung in Design Thinking

Der Technologiewandel, getrieben durch die digitale Transformation, ermöglicht neue Geschäftsmodelle. Mit einem verbraucherfokussierten Ansatz können neue Strategien für die digitale Transformation entwickelt werden. Mithilfe der menschenzentrierten Design Thinking-Methode ist es möglich, anwender- und problemlösungsorientierte Resultate für Services, Produkte oder auch interne Prozesse zu entwickeln, basierend auf den Bedürfnissen der Kunden und/oder anderer Nutzer. Das Arbeiten mit interdisziplinären Teams gewährleistet Empathie und Ergebnisse, die auf den Bedürfnissen der Kunden basieren. (Brown & Kätz 2009; Kelley & Kelley 2013; Kelley & Littman 2001)

Die Design Thinking-Methode entstand bereits in den 1970er- und 1980er-Jahren an der Universität Stanford im Rahmen der Ingenieursausbildung. Die Dozenten hatten früh erkannt, dass eine komplett technisch orientierte Ausbildung nicht ausreicht, um den am zukünftigen Marktherausforderungen zu beggenen. Damals wurden bereits zum klassischem Curriculum spezielle Kurse angeboten, worin der Mensch als Nutzer und Konsument von Technologien in den Mittelpunkt gestellt wird. (Brenner, Uebernickel & Abrell 2016)

Ursprünglich entwickelt und begründet wurde die Design Thinking-Methodik in den 90er Jahren vom Ingenieur David Kelley, Gründer der weltweit erfolgreichen Design- und Innovationsagentur IDEO, in Palo Alto, Kalifornien. Gemeinsam mit seinem Bruder Tom definiert David Kelley Design Thinking als eine Möglichkeit menschliche Bedürfnisse herauszufinden und neue Lösungen zu kreieren mittels Nutzung der Methoden und Denkweise von Designern. Allgemein gesehen beginnt Design Thinking mit den menschlichen Bedürfnissen und nutzt geeignete Techniken, mit dem Ziel unternehmerischen Mehrwert durch Kundenmehrwert zu erschaffen. (Kelley & Kelley 2013)

1.1 Die Schlüsselelemente des Design Thinking

Tim Brown, CEO von IDEO, definiert Design Thinking als

> „a discipline that uses the designer's sensibility and methods to match people's needs with what is technologically feasible and what a viable business strategy can convert into customer value and market opportunity" (Brown & Kātz 2009:86).

Damit impliziert er, dass die Art, wie man Dienstleitungen, Produkte, Prozesse und Strategien entwickelt durch das Denken eines Designers komplett verändern kann. (Martin 2009)

Demnach gilt es, um ein revolutionäres Produkt, und damit eine ganzheitliche Lösung zu entwickeln, sich in den folgenden drei folgenden Dimensionen abzugrenzen:

- Die Bedürfnisse von Personen – man kann nicht alle Bedürfnisse mit einem Produkt befriedigen
- Die Realisierbarkeit – speziell aus technischer Sicht
- Die Wirtschaftlichkeit der Lösung – um einen Geschäftserfolg zu erzielen

Genau diese Abgrenzung (siehe *Abbildung 1*) wird durch Design Thinking unterstützt, um eine ganzheitliche Lösung zu entwickeln. (Brown & Kātz 2009)

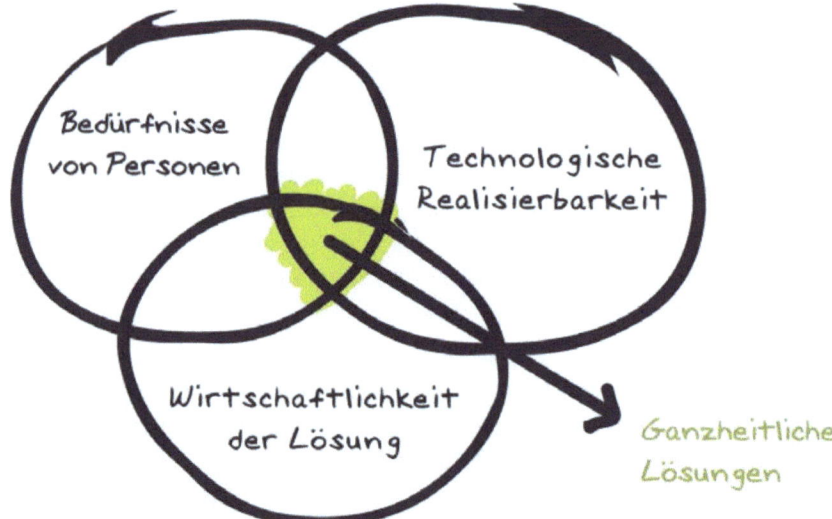

Abbildung 1: Ganzheitliche Lösung nach Design Thinking, eigene Darstellung der PDAgroup, angelehnt an Tim Brown (Brown & Kātz 2009)

Die Schlüsselemente des Design Thinking werden mehrfach in der Literatur wie folgt beschrieben (Brenner & Uebernickel 2016; Brown & Kātz 2009; Kelley & Kelley 2013; Kelley & Littman 2001; Martin 2009; Plattner, Meinel & Weinberg 2009)

- *Menschenzentriertheit*
  Der Prozess ist auf Personen (Kunden, Endnutzer, Mitarbeiter, etc.) fokussiert und versucht deren Probleme durch Beobachtung und Einfühlungsvermögen so gut wie möglich zu verstehen.

- *Kreativität*
  Es ist des Weiteren eine Denkweise für Innovation und ein Weg, die eigene Kreativität zu fördern!

- *Interdisziplinarität*
  Durch interdisziplinär zusammengesetzte Teams aus unterschiedlichen Arbeitsbereichen und Hierarchiestufen werden völlig neue Perspektiven ermöglicht, wodurch kreative Lösungen entstehen.

- *Iteration*
  Ein weiteres Schlüsselelement stellt die Möglichkeit dar, den Design Thinking-Prozess in mehreren Schritten immer wieder von vorne zu durchlaufen. Die Methodik ist stark repetitiv und basiert auf der Idee „fail early & fail often", um schneller herauszufinden, was funktioniert und was nicht.

1.2 Der Prozess des Design Thinking

In der Literatur wird Design Thinking in verschieden viele Phasenstufen gegliedert. So wird von einigen der Prozess in drei oder vier Schritten beschrieben, wie von Simon (1996) oder Kelley and Littman (2001). Sogar die Hasso-Plattner-Institute besitzen unterschiedliche Prozessbeschreibungen, wobei das Potsdamer HPI School of Design Thinking sechs Schritte und die d.school der Stanford University fünf Schritte nennt. (Brenner, Uebernickel & Abrell 2016; Plattner, Meinel & Weinberg 2009)

Stets stehen jedoch die Kernphasen wie Inspiration, Ideenfindung und Umsetzung im Vordergrund, laut Roger Martin (2009).

Folgend werden die sechs Stufen des Design Thinking-Prozess nach der HPI School of Design Thinking der Universität Potsdam beschrieben. Wie in *Abbildung 2* dargestellt werden die Phasen in zwei Bereiche – dem Problembereich und dem Lösungsbereich – aufgeteilt. (Brenner, Uebernickel & Abrell 2016; Plattner, Meinel & Weinberg 2009)

Problembereich:

- *Understand:* Erhalten eines initialen Verständnisses des Problems bzw. der Herausforderung (Hypothese)

- *Observe:* Beobachtung der Endnutzer, z.B. durch das Besuchen im Arbeitsumfeld, Befragungen, Observierung physischer Räume und Plätze (Informationssammlung)

- *Point of View:* Interpretation, Aufteilung und Strukturierung der gewonnenen empirischen Informationen und Erkenntnisse (Informationsverarbeitung)

Lösungsbereich:

- *Ideation:* Generierung unzähliger Ideen ohne irgendwelcher Einschränkungen mit anschließender Priorisierung (Informationssammlung)

- *Prototype:* Die abstrakten Ideen für die Endanwender greifbar machen (Informationsverarbeitung)

- *Test:* Überprüfung der Lösung hinsichtlich technischer Realisierbarkeit, wirtschaftlicher Rentabilität sowie der Attraktivität gegenüber Stakeholdern. Testen, implementieren und anpassen (Informationssammlung)

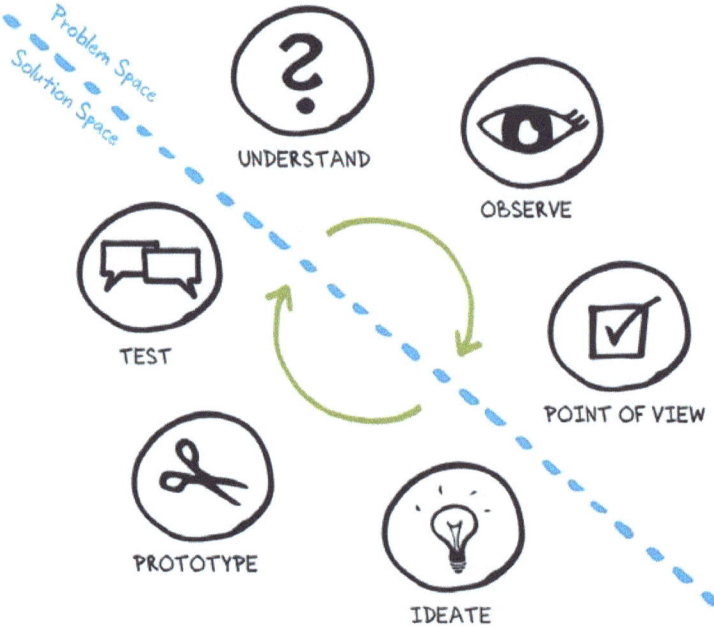

Abbildung 2: Die sechs Stufen des Design Thinking, eigene Darstellung der PDAgroup, angelehnt an den Design Thinking-Prozess der HPI School of Design Thinking (Plattner, Meinel & Weinberg 2009)

Wie bereits in den Schlüsselelementen erwähnt, besitzt der Design Thinking-Prozess Iterationsschleifen. Brown erklärt, dass es sich eher um Bereiche als eine vordefinierte Serie geordneter Schritte bei diesem Innovationsprozess handelt. (Brown & Kātz 2009)

Es folgen die jeweiligen Prozessschritte in einer gewissen Reihenfolge aufeinander, sind aber jederzeit wiederholbar oder können ergänzt werden. Durch das Einholen von wertvollem Feedback nach jedem Schritt, gerade nach dem Prototypenbau und dem Testen, kann dieses hermeneutisch wiederverwendet werden, damit die Lösung exakt auf die Nutzerbedürfnisse abgestimmt wird. Durch diese Iterationsschleifen erlangt der Prozess an Effizienz. Letztendlich stellt der Design Thinking-Prozess einen ergebnisoffenen Ablauf dar. (Brenner, Uebernickel & Abrell 2016)

1.3 Die Werkzeuge im Design Thinking

Im Design Thinking werden verschiedene Werkzeuge und Methoden verwendet und in diese neuartige Art und Weise des Denkens in Verbindung gebracht. Einen guten Überblick der Methoden und Werkzeuge gibt Schindelholzer, welche erfolgreich in den letzten 10 Jahren am Institut für Informationsmanagement an der Universität St. Gallen verwendet worden sind. (Schindlholzer 2014)

W. Brenner et al. (2016) weisen darauf hin, dass erfahrungsgemäß die Auswahl geeigneter Methoden einer der Kern-Erfolgsfaktoren in einem Design Thinking-Projekt darstellt. Diese Methoden und Werkzeuge stammen aus verschiedenen Bereichen wie dem Qualitätsmanagement, den Kreativitäts- und Designwissenschaften, den Kommunikationswissenschaften, der Ethnographie oder Informatik. Ein erfahrener Design Thinking Moderator und Anwender ist umso erfolgreicher, je mehr Erfahrung und Methodenkompetenz dieser besitzt und je nach Bedarf auf geeignete Methoden und Werkzeuge im Design Thinking-Prozess zurückgreifen kann.

2 Design Thinking in der Praxis

Die aktuelle Studie ‚Parts Without a Whole?' des Hasso-Plattner-Instituts (HPI) besagt, dass Unternehmen Design Thinking weitaus umfangreicher und diverser einsetzen als ursprünglich angenommen. 71 Prozent der insgesamt 235 befragten Unternehmen haben durch das Innovationskonzept von Design Thinking die Arbeitskultur in ihren Teams verbessert (siehe *Abbildung 3*). Weiter kann man feststellen, dass 69 Prozent der befragten Unternehmen einen deutlich effizienteren Innovationsprozess besitzen und bei 48 Prozent der Design Thinking-Anwender die Endverbraucher in den Prozessen mit eingebunden und integriert sind. Langfristig gesehen führt dies zu einer höheren Profitabilität und zu einer Erfolgssteigerung.

Eine Kostensenkung auf Grund der Einführung der Desing-Thinking-Methode konnten bereits 18 Prozent der Unternehmen feststellen, wobei es sich häufig als schwierig darstellt eine Investitionsrentabilität messbar nachzuweisen. (Schmiedgen u.a. 2015)

Effekte von Design Thinking
For-Profit- und Non-Profit-Organisationen
(181 Antworten)

- Arbeitskultur hat sich verbessert: 71 %
- Innovationsprozesse sind effizienter: 69
- Nutzer werden häufiger integriert: 48
- Kosten wurden gesenkt: 18

Abbildung 3: Studienergebnisse „Parts Without a Whole?",
Quelle: HPI, 2015 (Schmiedgen u.a. 2015)

2.1 Design Thinking bei SAP SE

Sehr gut zeigt die SAP SE, größter Softwarehersteller Deutschlands, welchen Einfluss Design Thinking auf den Unternehmenserfolg haben kann. Die Innovationsmethode stellt hier im Unternehmen eine strategische Ressource dar. Seit der Einführung im Jahr 2004 wird es als umfassendes Management-Konzept gelebt. (Hilbrecht & Kempkens 2013)

Durch Hasso Plattner, SAP Mitbegründer, wurde Design Thinking zunehmend verbreitet und bekannter. Durch ihn wurden die d.schools an der Standford University und am Hasso-Plattner-Institut in Potsdam gegründet. Unteranderem führte dies dazu, dass Design Thinking als Innovationsprozess in die Lehre aufgenommen und weiterentwickelt wurde. (Brenner, Uebernickel & Abrell 2016)

Heutzutage verlangen Industrieunternehmen zunehmend nach industriebezogenen Services, wie das Instandhalten sowie Optimieren von Maschinen und Anlagen als auch dem Streben, zugeschnittene Services und Produkte anzubieten. Dies ist an der zunehmenden Digitalisierung des Produktionsprozesses und der Durchdringung von Produkten, Maschinen und Anlagen mit Informationstechnologien, hinsichtlich des Industrie 4.0-Gedankens, erkennbar.

2.2 Design Thinking bei Siemens

Großunternehmen aus der Industriebranche, haben bereits die Vorzüge des industriellen Design Thinking anerkannt. Daher wurde diese Innovationsmethode in ihren Organisationen implementiert und erfolgreich angewendet, wie beispielsweise bei Siemens.

Als deutsches und somit ausländisches B2B-Unternehmen in China ergeben sich für das innovative Geschäft einige Herausforderungen.

Es ist notwendig, schnell auf die vielfältigen und rasch ändernden Kundenbedürfnisse in einem großen Schwellenland zu reagieren, während der Wettbewerbsdruck von zwei Seiten zunimmt. Zum einen durch viele lokale Neueinsteiger und zum anderen durch lokal etablierte globale Großunternehmen. Um die Innovationsfähigkeit der Siemens Corporate Technology China zu stärken wurde eine praxisbezogene Innovationsmethode aus dem Design Thinking entwickelt und die bewährten Praktiken der sogenannten ‚User-Driven-Innovation', dem nutzergesteuerten Innovationsansatzes, integriert, um den chinesischen und industriebezogenen Anforderungen gerecht zu werden. Durch die Schaffung eines Trainings- und Coaching-Programms werden aktuelle Unternehmensprojekte und weitere Innovationsaktivitäten bei Siemens unterstützt. (Ge & Maisch 2016)

Design Thinking ist nicht nur eine wertvolle Methode für Großunternehmen wie BMW, Deutsche Bank, Apple oder IBM. Zunehmend wenden auch kleine und mittelständische Unternehmen aus unterschiedlichsten Branchen die kreative Problemlösemethode an. Design Thinking, als auch weitere innovative Techniken wie SCAMPER[1], TRIZ[2] oder SPRINT[3], ermöglichen es, mit außergewöhnlichen, kundenorientierten Lösungen und niedrigen Entwicklungskosten dem Wettbewerber einen Schritt voraus zu sein.

2.3 Design Thinking in KMUs

Bislang haben KMUs nach wie vor ein Defizit an zeiteffizienten und kreativitätsfördernden Methoden und Tools, um passende Prozesse zu entwickeln, die das Potential dieser Entwicklung nutzbar machen. Im Gegensatz zu großen Unternehmen und Konzernen, wie die vorherigen Praxisbeispiele der SAP SE und Siemens zeigen, haben KMUs oft keine eigene Forschungs- und Entwicklungsabteilung für Services oder Übung darin, servicebasierte Geschäftsmodelle zu entwickeln, als auch selten IT-Unterstützung, um zeit- und ortsunabhängige Lösungen für ihre Kunden und Partner zu integrieren.

---

[1] Die Kreativitätstechnik SCAMPER wird für die Entwicklung neuer Produkte oder zur Weiterentwicklung bestehender Produkte eingesetzt. Eine Checkliste führt die Anwender durch den Entwicklungsprozess (Substitute-Combine-Adapt-Modify-Put to other uses-Eliminate-Reverse) Lunau u.a. 2007:150

[2] TRIZ wird eingesetzt um neue Lösungsansätze und neue Produktideen zu entwickeln. Durch dieses systematische Vorgehen für ist eine schnellere und effizientere Produktentwicklung möglich

[3] Bei der SPRINT-Methode fokussiert man sich fünf Tage lang auf eine bestimmte Herausforderung bzw. Problemstellung. Der SPRINT ist umso effizienter und erfolgsversprechender, je komplexer und herausfordernder diese Aufgabenstellung ist.

Eine gute Möglichkeit für KMUs könnte die Nutzung von gemeinsamen Projekten sein, um die Anzahl der Angebote von industriellen Services nachhaltig zu steigern. Mit gemeinschaftlichen Projekten oder Plattformen können die Wettbewerbsfähigkeit von kleinen und mittelständischen Industrieunternehmen als auch die Innovationskraft gesteigert werden.

3 Mit Design Thinking in die richtige Richtung

Um es zusammenzufassen, Design Thinking spielt eine wichtige Rolle für Unternehmen jeglicher Branche und Größe. Es hilft die Erwartung des Endverbrauchers zu artikulieren. Der lebendige Prozess gewährleistet eine kunden- und ergebnisorientierte Arbeit. Gleichzeitig lässt er genug Raum für ergebnisoffenes Brainstorming und kontinuierliches Lernen. Dadurch, dass potentielle Sackgassen früh ausfindig gemacht werden können, hat Design Thinking das Potential den Innovationsprozess anzuregen und Kosten zu sparen.

Wirklich außergewöhnliche Lösungen können nur von demjenigen entwickelt werden, der bekannte Anschauungen und Lösungen hinterfragt und sich intellektuell in neue Bereiche wagt. Mit der kreativitätsfreundlichen Arbeitskultur, welche für gewöhnlich in Design Thinking Projekten gelebt wird, können die Teilnehmer unterstützt werden ‚out of the Box' zu denken. Damit die Ideen und Prototypen in Erlebnisse und Produkte umgesetzt werden in den Unternehmen interdisziplinäre Teams benötigt. Im Falle des Erfolges sind das Ergebnis dieser außergewöhnlichen Maßnahme perfekte nutzerangepasste Prozesse, Produkte, Services oder Geschäftsmodelle. Auch KMUs können dabei externe Experten für die Moderation in Betracht ziehen oder mit Mitbewerbern bzw. branchenfremden Unternehmen zusammenarbeiten, um in Zukunft diese wirkungsvolle Innovationsmethode anzuwenden und sich in Richtung einer Designkultur zu bewegen.

Die PDAgroup bietet seit 2013 Design Thinking Workshops und Moderation für Unternehmen und öffentliche Einrichtungen an. In den PDAgroup Trainings- und Coachingangeboten werden die TeilnehmerInnen ausführlich mit den Grundprinzipien und dem Innovationsprozess des Design thinking vertraut gemacht. Die PDAgroup Berater unterstützen im Rahmen von Beratungsprojekten unter Anwendung des Design Thinking Ansatzes Unternehmen dabei, Problembereiche in den Unternehmen aufzudecken, den Fokus zu setzen sowie sich zu spezialisieren und differenzieren. Als Moderator in Projekten oder Workshops erkunden die PDAgroup Design Thinking Experten gemeinsam mit den Unternehmen ungenutzte Möglichkeiten und decken bisher unbekannte Bereiche auf. Durch den Einsatz der Design Thinking-Methode kann sich jedes Unternehmen seinen individuellen Herausforderungen stellen und innovative Wege und Lösungen entwickeln.

4 Literaturverzeichnis

Brenner, Walter & Uebernickel, Falk (Hg.) 2016. Design thinking for innovation: Research and practice. Cham: Springer Science and Business Media.

Brenner, Walter & Uebernickel, Falk & Abrell, Thomas 2016. Design Thinking as Mindset, Process, and Toolbox, in Brenner, Walter & Uebernickel, Falk (Hg.): Design thinking for innovation: Research and practice. Cham: Springer Science and Business Media, 3-24.

Brown, Tim & Kätz, Barry 2009. Change by design: How design thinking transforms organizations and inspires innovation. 1. ed. New York, NY: Harper Business.

Ge, Xiao & Maisch, Bettina 2016. Industrial Design Thinking at Siemens Corporate Technology, China, in Brenner, Walter & Uebernickel, Falk (Hg.): Design Thinking for Innovation: Research and Practice. Cham, s.l.: Springer International Publishing, 165-181.

Hilbrecht, Hester & Kempkens, Oliver 2013. Design Thinking im Unternehmen – Herausforderung mit Mehrwert, in Keuper, Frank, u.a. (Hg.): Digitalisierung und Innovation: Planung – Entstehung – Entwicklungsperspektiven. Wiesbaden: Springer Fachmedien Wiesbaden, 347-364. URL: http://dx.doi.org/10.1007/978-3-658-00371-5_18 [Stand 2016-09-14].

Kelley, David & Kelley, Tom 2013. Creative confidence: Unleashing the creative potential within us all. 1. ed. New York, NY: Crown Business.

Kelley, Tom & Littman, Jonathan 2001. The art of innovation: Lessons in creativity from IDEO, America's leading design firm. 1st ed. New York: Currency/Doubleday.

Lunau, S., u.a. 2007. Design for Six Sigma+Lean Toolset: Innovationen erfolgreich realisieren: Springer Berlin Heidelberg. Online im Internet: URL: https://books.google.de/books?id=CCInBAAAQBAJ.

Martin, Roger L. 2009. The design of business: Why design thinking is the next competitive advantage. Boston, Mass: Harvard Business Press.

Plattner, Hasso, Meinel, Christoph & Weinberg, Ulrich 2009. Design Thinking: Innovation lernen ; Ideenwelten öffnen. München: mi-FinanzBuch Verl.

Schindlholzer, Bernhard 2014. Methode zur Entwicklung von Innovationen durch Design Thinking Coaching. St. Gallen.

Schmiedgen, Jan, u.a. 2015. Parts Without a Whole? – The Current State of Design Thinking Practice in Organizations: (Study Report No. 97). Potsdam: Hasso-Plattner-Institut für Softwaresystemtechnik an der Universität Potsdam. URL: http://thisisdesignthinking.net/why-this-site/the-study/ [Stand 2016-10-15].

Simom, Herbert A. 1996. The sciences of the artificial. 3rd ed. Cambridge, Mass: MIT Press. Online im Internet: URL: http://search.ebscohost.com/login.aspx?direct=true&scope=site&db=nlebk&db=nlabk&AN=49230.

Wissensmanagement und Change Management – ein siamesisches Zwillingspaar

Angelika Mittelmann

angelika.mittelmann@artm-friends.at

1 Was Wissensmanagement mit Change zu tun hat

Viele Organisationen haben in den letzten fünfzehn Jahren mit der Einführung von Wissensmanagement begonnen. Einige dieser Initiativen sind mittlerweile im Sand verlaufen oder wurden kurzerhand eingestellt, weil sie nicht zum gewünschten Erfolg geführt haben. Die Gründe dafür sind sehr vielfältig (siehe Hunge 2003, Moskaliuk 2011). Bei genauerer Betrachtung lässt sich erkennen, dass oftmals begleitendes Change Management schlichtweg nicht in Erwägung gezogen wurde. Das ist wie Nichtschwimmer ohne Schwimmhilfen in einen See zu werfen und zu schauen, wer trotzdem das rettende Ufer erreicht.

Man ist gut beraten, sich schon im Vorfeld einer geplanten Einführung (oder Wiedereinführung) von Wissensmanagement klar zu machen, welche Art von Veränderungen wahrscheinlich auf das Management und die Mitarbeiter zukommen werden. Dabei kann Berners „Typologie von Veränderungsprozessen" (siehe Berner 2007) gute Dienste leisten. Sie bewertet Change-Vorhaben – wie die Einführung von Wissensmanagement – nach den beiden Kriterien „Grad der Bedrohlichkeit" für die Mitarbeiter und damit ihrem Orientierungsbedürfnis und dem „Ausmaß an Einstellungs- und Verhaltensänderungen", das vom Management und den Mitarbeitern erwartet wird, und bestimmt damit deren Unwillen und Widerstand gegenüber den Veränderungen. Diese Einordnung ermöglicht eine erste grobe Abschätzung, welche Art von Veränderung auf die Organisation zukommen wird und welche Handlungsbedarfe sich voraussichtlich ergeben werden.

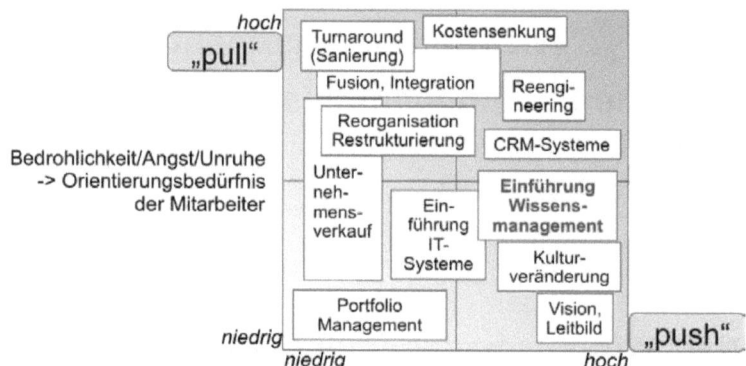

Abbildung 1: Einführung von Wissensmanagement als Veränderungsvorhaben

Die Einführung von Wissensmanagement erfordert je nach Situation in der jeweiligen Organisation einen mehr oder weniger intensiven Veränderungsprozess. Als erste grobe Einschätzung, entsprechend der Typologie (siehe Abbildung 1), kann erwartet werden, dass sich das Ausmaß an Bedrohlichkeit, Angst und Unruhe im mittleren Bereich bewegen wird, das Ausmaß an Einstellungs- und Verhaltensänderungen eher im hohen Bereich. Ersteres, weil die Einführung von Wissensmanagement üblicherweise nicht mit Personalabbau in Verbindung gebracht wird. Zweiteres, weil professionelles Wissensmanagement ein neues Bewusstsein für die Wichtigkeit der Ressource Wissen erfordert und damit alle Arbeitsvorgänge verändert. Es genügt dann zB nicht mehr, Erfahrungen bei der Erledigung einer schwierigen Aufgabe zu machen, sondern es geht dann darum, diese bewusst zu sammeln, zu neuen Erkenntnissen zu verdichten und die betreffenden Arbeitsprozesse damit zu verbessern (siehe dazu Lessons Learned Prozess, Mittelmann 2011, S. 74-79).

Nachfolgend wird anhand einer idealtypischen Einführung von Wissensmanagement unter Zuhilfenahme der „K2BE Roadmap" (Mittelmann/Häntschel 2002, 2007; Mittelmann 2011, S. 227-243) eine Change-Architektur beschrieben, die integriert im Einführungsprozess realisiert werden kann. Wissensmanagement-spezifische Einführungsaktivitäten werden dabei bewusst sehr knapp gehalten bzw. weggelassen.

2 Einführung von Wissensmanagement mit der K2BE Roadmap

Die K2BE-Roadmap ist ein Hilfsmittel, um die komplexe Aufgabenstellung für die Einführung von Wissensmanagement zu strukturieren. Gleichzeitig berücksichtigt sie soziale und organisatorische Einflussfaktoren, damit die gewünschten Ergebnisse erreicht werden können. Die K2BE Roadmap beinhaltet also implizit wesentliche Change-Management-Aspekte und ist daher als Vorgehensmodell zur Begleitung des Einführungsprozesses bestens geeignet. Die Struktur der K2BE-Roadmap beleuchtet folgende Fragestellungen:

- Was soll mit der Einführung von Wissensmanagement in der Organisation erreicht werden?
- Wie erkennen die Manager den Nutzen von Wissensmanagement für die Organisation?
- Wie ist die Ausgangssituation für die Einführung von Wissensmanagement in der Organisation?
- Wie erkennen die Entscheidungsträger die Notwendigkeit einer strategischen Gesamtplanung von Wissensmanagement?
- Wie übernehmen die Mitglieder der Führungsebene die Verantwortung für die Planung und Einführung von Wissensmanagement?
- Wie wird die Idee des Einzelnen zur „Vision" der Organisation?
- Wie kann die Komplexität bei der Einführung von Wissensmanagement reduziert werden?
- Wie können Synergiepotenziale gefunden und sinnvoll genutzt werden?
- Wie kann Investitionssicherheit gewährleistet werden?

Die K2BE-Roadmap ist in fünf Phasen unterteilt (siehe Abbildung 2). Die erste Phase *Check-In* wird nur einmal durchlaufen und dient der *Bewusstseinsbildung*, wenn eine Organisation beginnt, sich mit Wissensmanagement auseinander zu setzen. Ausgehend von wahrgenommenen Defiziten, wird gemeinsam mit den Entscheidungsträgern die Idee geboren, dieses Problem mit Wissensmanagement lösen zu können. Damit beginnt in dieser Phase die Bewusstseinsbildung bei den Entscheidungsträgern. Die weiteren Phasen werden zyklisch durchlaufen, wobei der Reifegrad des Wissensmanagementprozesses und damit seine Integration in alle Geschäftsprozesse steigt.

Die Phasen *Start-Up* und *Line-Up* dienen der *Strategieentwicklung*. Hier erfolgt die organisationsweite und langfristige Gesamtplanung für die Einführung von Wissensmanagement. Das Gesamtkonzept bestimmt Fokus und zeitliche Abfolge der Einführung. Widersprüche werden aufgedeckt und aufgelöst. Das Gesamtkonzept wird abhängig von den vorhandenen Ressourcen und der Risikobereitschaft der Organisation in Teilschritte untergliedert. Die Phase *Take-Off* ist der *Strategieumsetzung* gewidmet, in der durch parallel ablaufende Projekte die schrittweise Einführung erfolgt. Die fünfte Phase *Stop-Over* dient schwerpunktmäßig der *Strategiebewertung*. Hier erfolgt die Konsolidierung und Bewertung der bisherigen Wissensmanagement-Aktivitäten. Damit wird die Voraussetzung für den nächsten Zyklus (Strategieentwicklung in Start-Up) geschaffen.

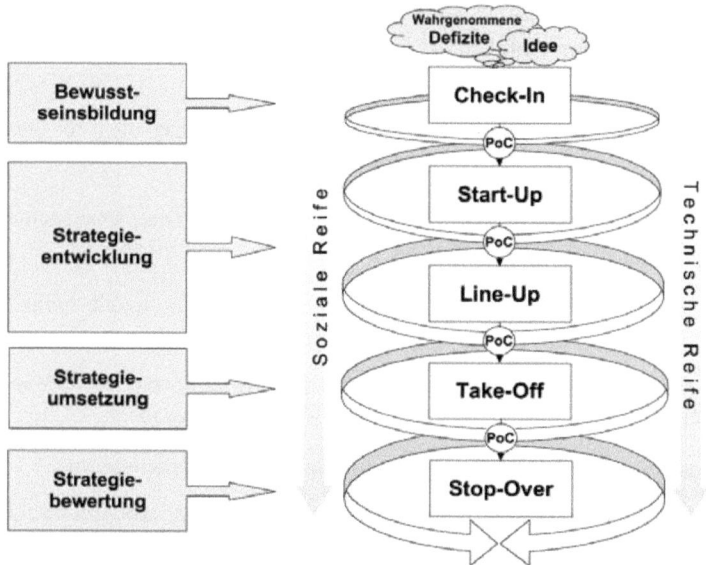

Abbildung 2: Phasen der K2BE-Roadmap mit PoCs

Die Phasen stellen eine logische, aber nicht unbedingt zeitliche Abfolge dar. Eine Phase darf nicht als eine lineare Abfolge von einzelnen Aufgaben betrachtet werden, die scharf voneinander abgegrenzt sind und aus denen es kein Zurück gibt. Die Aufgaben überlappen sich und sind untereinander vernetzt. Aus diesem Grund lassen sich allgemeingültige und praktisch anwendbare Aussagen nur hinsichtlich einer groben Struktur und eines grundsätzlichen Ablaufs machen. Die Feinstruktur der einzelnen Aufgaben wird in der Projektplanung festgelegt. Das Ergebnis der Projektplanung und die situative Konkretisierung der Roadmap hängen vom organisationsspezifischen Kontext ab, in dem die Einführung von Wissensmanagement geplant und umgesetzt wird. Wenn auch jede Organisation einzigartig ist, kann jede Organisation die Einführung nach dem Muster der K2BE-Roadmap abarbeiten.

An jedem PoC der K2BE-Roadmap ist eine explizite Beurteilung des bisherigen Projektverlaufes und der Projektergebnisse vorgesehen. Es erfolgt eine Präsentation der Ergebnisse, anhand derer von den Entscheidungsträgern über den weiteren Verlauf der Wissensmanagement-Aktivitäten (Fortführung, Änderung oder Ende) entschieden wird.

3 Change-Architektur im Rahmen der K2BE Roadmap

Wenn es um Veränderungen in Organisationen geht, ist einem ganzheitlichen Ansatz der Vorzug zu geben, damit die gewollten Veränderungen nachhaltig in der gesamten Organisation Eingang finden. Damit betrifft es alle drei Subsysteme einer Organisation, das kulturelle, soziale und technisch-instrumentelle (siehe Glasl/Kalcher/Piber 2014). Das kulturelle Subsystem umfasst die Identität der Organisation, ihr Selbstverständnis, ihre Politik und Strategie. Die Organisationsstruktur, seine Menschen und Gruppen sowie das vorherrschende Klima, Einzelfunktionen und Organe bilden das soziale Subsystem. Das technisch-instrumentelle Subsystem wird beschrieben durch die Prozesse, Abläufe und physischen Mittel.

Wesentliche Elemente aus diesen drei Subsystemen werden zu Interventionsebenen für eine passende Change-Architektur zusammengefasst. Es ergeben sich folgende drei Interventionsebenen für Veränderungsmaßnahmen bei der Einführung von Wissensmanagement:

- *Kultur*
  zB Änderungen in der Einstellung und dem Verhalten aller Organisationsmitglieder durch die neue Vision, die Ziele und die Strategie für Wissensmanagement

- *Struktur und Organisation*
  zB neue Rollen und Regeln für die Zusammenarbeit, neue Organisationsstrukturelemente

- *Personen*
  zB Bildungsmaßnahmen für neue IT-Systeme für Wissensmanagement

Bei der Einführung von Wissensmanagement geht es darum, diese drei Interventionsebenen gleichzeitig zu „bespielen", um den Veränderungsprozess entsprechend des Zustands des sozialen und technischen Reifegrads der Organisation voranzutreiben. Eine adäquate Change-Architektur muss daher in den einzelnen Phasen der K2BE Roadmap Maßnahmen enthalten, die diese sukzessive Veränderung begleitet (siehe Abbildung 3).

Da die Situation in jeder Organisation unterschiedlich ist, kann nur allgemein beschrieben werden, worauf bei der Entwicklung passender Interventionen in den einzelnen Phasen der K2BE-Roadmap zu achten ist.

3.1 Check-In

In dieser Phase geht es darum, dass der Einführungsprozess optimal aufgesetzt wird und eine entsprechende nachhaltige Unterstützung im oberen Management durch Sensibilisieren der Sponsoren erfährt. Ebenso wird für einen ganzheitlichen Systemansatz sowie eine Top-Down-Strategie geworben. Bewusstseinsbildung beim Top-Management und Nutzenüberlegungen, was Wissensmanagement der Organisation auf Dauer bringen soll, stehen hier im Vordergrund neben der Installation einer passenden Projektorganisation.

Am PoC der Phase Check-In erfolgt die Vorstellung der K2BE-Roadmap als Referenzmodell für den gewählten Problemlösungsweg und die Abnahme des Arbeitsauftrages für Start-Up zur Fortführung des Einführungsprozesses. Durch die explizite Zustimmung der Entscheidungsträger zum Arbeitsauftrag ist deren Unterstützung sichergestellt.

Typischerweise kommen hier in der Praxis Workshops mit passenden Designs für den jeweiligen Anlassfall zum Einsatz. In diesen wird zB Grundsätzliches über Wissensmanagement vermittelt. Oder das Projektkernteam und die Projektsteuergruppe werden aufgestellt. Es können auch erste Überlegungen zur Vision und der sich daraus ergebende Nutzen von Wissensmanagement angestellt werden.

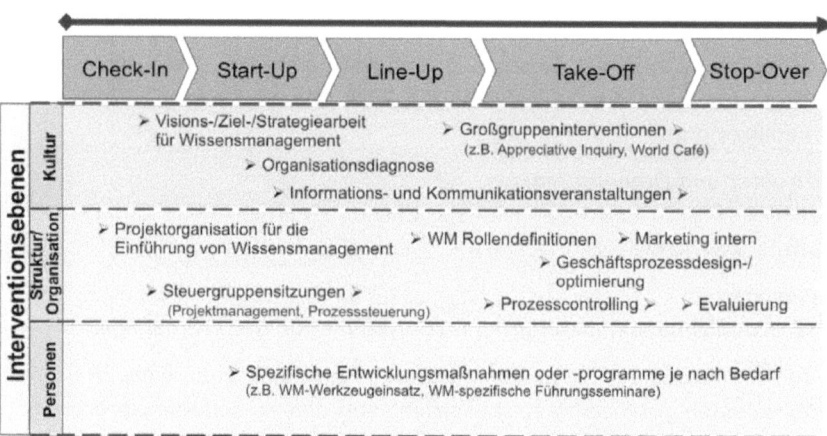

Abbildung 3: Change-Architektur für die Einführung von Wissensmanagement (beispielhaft)

3.2 Start-Up

Nachdem das Projektkernteam arbeitsfähig und eine entsprechende Lobby im oberen Management aufgebaut ist, gilt es nun in der Start-Up Phase die Wissensmanagement-Ziele aus der Vision zu entwickeln und mit der Projektsteuergruppe abzustimmen. Weiters ist der Ist-Zustand der Organisation mit Hilfe von Befragungen und Interviews von Schlüsselpersonen zu erheben und der Handlungsbedarf daraus abzuleiten. Am PoC erfolgt die Zustimmung zu den ausgearbeiteten Handlungsfeldern. Die Abnahme sichert die weitere Unterstützung des Einführungsprozesses durch die Entscheidungsträger.

Der Personenkreis, der mit Wissensmanagement in Berührung kommt, weitet sich damit wieder aus. Aus Change-Management-Sicht ist es daher wichtig, dass das Grundlagenwissen über Wissensmanagement weiter verbreitet wird. Die entsprechenden Workshop-Sequenzen aus der Check-In Phase können dafür wiederverwendet bzw. für weitere Zielgruppen adaptiert und erweitert werden. Ab dieser Phase muss damit begonnen werden, ein Change-Agent-Netzwerk aufzubauen, um auf allen Ebenen der Organisation Unterstützer für Wissensmanagement zu haben. Diese Change Agents werden vom Management ausgewählt und in einem intensiven Kommunikationsprozess auf ihre Aufgaben vorbereitet, wobei Bewusstseinsbildung für die kommenden Veränderungen eine nicht unwesentliche Rolle spielt. Ab nun wird mit regelmäßigen Informations- und Kommunikationsveranstaltungen für alle Mitarbeiter begonnen, um von Beginn an eine größtmögliche Transparenz über das geplante Vorhaben zu erreichen.

Die Erhebung des Istzustands bietet weitere Möglichkeiten zur Intervention, indem passende Fragen in Online-Befragungen oder bei Interviews von Schlüsselpersonen gestellt werden (zB „Bei uns gilt der Grundsatz ‚Wissen ist Macht' (gar nicht, gelegentlich, häufig, immer)" oder „Was tun Sie bereits in Ihrem Bereich, um erfolgskritisches Wissen zu sichern?"). Sie dienen der Bewusstseinsbildung bei den Befragten und regen die Beschäftigung mit dem Thema Wissensmanagement an. Gleichzeitig geben die konsolidierten Antworten erste Hinweise auf die kulturellen Gegebenheiten in der Organisation.

3.3 Line-Up

In dieser Phase werden Teilziele abgeleitet, darauf aufbauend Projekte (oder Teilaufgaben bei kleinerem Handlungsbedarf) geplant und priorisiert sowie das Wissensmanagement-Projektportfolio erstellt, wenn erforderlich. Im PoC wird überprüft, ob ein organisationsweit abgestimmtes Wissensmanagement-Projektportfolio, geordnet nach Abhängigkeiten und Prioritäten, vorliegt. Wenn Konsens über den Ressourceneinsatz besteht, geben die Entscheidungsträger die Projektaufträge für die Umsetzungsprojekte in Take-Off frei.

Aus Change-Management-Sicht geht es nun darum, den Informationsstand in der gesamten Organisation aktuell zu halten und die Beteiligung am Einführungsprozess weiter voranzutreiben. Ersteres gelingt durch Nutzung aller vorhandenen Medien (zB Mitarbeiterzeitschriften, Newsletter, Intranet) und durch zielgruppenspezifische Informations- und Kommunikationsveranstaltungen bzw. auch durch Einzelgespräche mit Mitarbeitern, um die Gründe für ihre Widerstände zu entkräften und ihre Beteiligung abzusichern, wenn erforderlich.

Die Beteiligung am Einführungsprozess kann durch Workshops mit dem Projektkernteam, der Projektsteuergruppe, den Sponsoren und den bereits installierten Change Agents erreicht werden, in denen die aus den Ergebnissen der Befragungen und Interviews abgeleiteten groben Handlungsfelder gemeinsam weiter geschärft werden. In diesen werden den Teilnehmern vom Projektkernteam zuerst eine kurze Übersicht über die bisherigen Ergebnisse und Erkenntnisse gegeben. Anschließend werden sie gebeten, je Handlungsfeld die folgenden Fragen zu beantworten, ihre Antworten auf Kärtchen zu schreiben und auf der zugehörigen Pinnwand zu platzieren.

- Welchen *Nutzen* bringt aus Ihrer Sicht die Bearbeitung dieses Handlungsfeldes für die Organisation insgesamt und für den einzelnen Mitarbeiter?
- Welche *Erwartungen* haben Sie in Bezug auf das jeweilige Handlungsfeld?
- Was sind aus Ihrer Sicht die *Erfolgsfaktoren* für die Umsetzung der Maßnahmen des jeweiligen Handlungsfeldes?
- Welche *Themen* sollen aus Ihrer Sicht im Rahmen des jeweiligen Handlungsfeldes bearbeitet werden?

Das Ergebnis sind verfeinerte Handlungsfelder, aus denen relativ leicht Projektaufträge abgeleitet werden können. Durch diese Art der Bearbeitung wird auch sichergestellt, dass die Handlungsfelder passend für die Organisation ausgewählt und die richtigen Schwerpunkte gesetzt werden.

3.4 Take-Off

In dieser Phase werden die definierten Maßnahmen in der Organisation umgesetzt. Hier wird wie beim Abheben eines Flugzeuges die meiste „Energie" (in Form von Ressourcen) benötigt. Je nach Gestaltung des Wissensmanagement-Projektportfolios entsteht eine Menge von Projekten mit unterschiedlichen Projektgegenständen (zB Integration von Wissensmanagement-Aufgaben in die Geschäftsprozesse, Wissenskulturprogramm). Im PoC erfolgt die Freigabe der Phase Stop-Over, wenn folgende Ergebnisse erreicht wurden:

- Alle Projekte des Wissensmanagement-Projektportfolios sind abgeschlossen und haben ihre Projektziele erreicht.
- Die Projektergebnisse sind von den Projektauftraggebern abgenommen worden.
- Der Wissensmanagement-Prozess ist entsprechend der Vision in den Geschäftsprozessen der Organisation verankert.
- Erste Veränderungen in Richtung einer wissensorientierten Organisation sind sichtbar.

Aus den geforderten Ergebnissen dieser Phase ergeben sich einige Notwendigkeiten für das Change Management. Die Verankerung von Wissensmanagement in allen Geschäftsprozessen erfordert eine ständige Präsenz des Themas in der Organisation. Management und Change Agents sind gefordert, diese Veränderungen durch Vorleben wissensorientierter Verhaltensweisen (zB selbstverständliche Info- und Wissensweitergabe, regelmäßige Erfahrungssicherung in Jour fixes und bei Projektende) und intensiver Kommunikationsprozesse (zB Einzel- und Gruppengespräche, Knowledge Cafés) zu begleiten. Am Ende dieser Phase muss auch sichergestellt sein, dass Wissensmanagement in der Aufbauorganisation sichtbar seinen Platz gefunden hat und mit entsprechenden Ressourcen ausgestattet ist, um das Thema nachhaltig am Leben erhalten zu können. Rollenbeschreibungen für Wissensmanagement-spezifische Aufgabenstellungen, internes Marketing für die Ergebnisse aus den einzelnen Teilprojekten und ein entsprechend angepasstes Schulungsprogramm ergänzen das Change-Management-Programm.

3.5 Stop-Over

In dieser Phase werden alle Projekt-Ergebnisse zusammengeführt und konsolidiert. Die beobachtbaren Veränderungen werden gesamthaft bewertet (neuer Ist-Zustand). Es werden Anpassungen an die veränderten Rahmenbedingungen durch Adaptierungen der Vision und Ziele durchgeführt. Diese Strategiebewertung schafft die Voraussetzungen für den Einstieg in die Start-Up-Phase, um die nächste Stufe im Reifegradmodell (siehe Abbildung 2) zu erreichen.

Aus Change-Management-Sicht ist in dieser Phase wichtig, dass die Bewertung aus möglichst vielen verschiedenen Perspektiven, d.h. mit möglichst vielen Beteiligten, erfolgt. Befragungen, Interviews und Workshops können hier gute Dienste leisten. Die Ergebnisse daraus müssen wieder Gegenstand diverser Informationsveranstaltungen sein und auch in den vorhandenen Medien kommuniziert werden.

4 Fazit

Die Einführung von Wissensmanagement ohne begleitendes Change Management ist nicht zielführend. Es muss darauf geachtet werden, dass die Veränderungsmaßnahmen sich nahtlos in das Projektgeschehen einfügen. Eine davon abgekoppelte Bearbeitung würde zu unerwünschter Verwirrung in der Organisation führen und den Erfolg gefährden.

Die drei Interventionsebenen Kultur, Struktur/Organisation und Mensch müssen in jeder Phase parallel bearbeitet werden, um den Veränderungsprozess möglichst kontinuierlich weiterzutreiben. Die Überbetonung oder Vernachlässigung einer Ebene könnte zu unerwünschten Nebeneffekten führen. Wird zB die kontinuierliche Weiterbildung der Mitarbeiter vergessen, werden diese kaum neue Werkzeuge für Wissensmanagement verwenden.

Der Einsatz von Change Agents auf allen Ebenen der Organisation ist unumgänglich, wenn es erklärtes Ziel ist, Wissensmanagement nachhaltig in der Organisation zu verankern. Nach Projektende kann diese Personengruppe leicht zu einem organisationsweiten Netzwerk von „Wissensmanagement-Botschaftern" weiterentwickelt werden.

Information und Kommunikation in all seinen Facetten ist ein nicht zu unterschätzender Erfolgsfaktor bei der Einführung von Wissensmanagement. Dabei spielen die Führungskräfte eine sehr wesentliche Rolle. Change Management kann sie bei dieser wichtigen Aufgabe gut unterstützen.

Last but not least werden die gesteckten Ziele nur erreicht werden, wenn an der Bewusstseinsbildung und Beteiligung aller Organisationsmitglieder kontinuierlich gearbeitet wird. Dahinter muss zweifelsohne der Wille der Geschäftsführung stehen, dass Wissensmanagement mit integriertem Change Management als Erfolgsfaktor für die Weiterentwicklung der Organisation hohe Priorität einzuräumen ist.

5 Literatur

Berner, Winfried (2007): Der Change Guide – Typologie des Change Management. http://www.umsetzungsberatung.de/diagnose/typologie.php, Abruf: 30.12.2015.

Finke, Inga; Will, Markus (2005): Mitarbeiterorientierte Einführung von Wissensmanagement. Symposion Publishing, http://www.brainguide.com/upload/publication/3a/x8yf/9ca52408f1853c693ab7fc6ca1bdb2bd_1311535460.pdf, Abruf: 3.1.2016.

Glasl Friedrich, Kalcher Trude, Piber Hannes (Hrsg., 2014): Professionelle Prozessberatung: Das Trigon-Modell der sieben OE-Basisprozesse. Bern/Stuttgart: Haupt.

Hunge, Wolfgang (2003): Wissensmanagement zwischen Wirklichkeit und Illusion. In: Wirtschaftsmagazin perspektive: blau, http://www.perspektive-blau.de/artikel/0308b/0308b.htm, Abruf: 02.01.2016.

Mittelmann Angelika; Häntschel, Irene (2002): Ready for Take-Off – Wissensmanagement einführen mit der K2BE Roadmap. In: wissensmanagement online, Ausgabe Juli/August 2002.

Mittelmann, Angelika; Häntschel, Irene (2007): Wissensmanagement erfolgreich einführen. In: Freilinger, Christian (Hrsg.): Management Made in Austria, Linz: Trauner, S. 260-280.

Mittelmann, Angelika (2011): Werkzeugkasten Wissensmanagement. Norderstedt: Books on Demand, ISBN 978-3-8423-7087-6.

Moskaliuk, Johannes (2011): Warum Wissensmanagement scheitern muss. wissens.blitz (29). http://www.wissensdialoge.de/warum_wissensmanagement_scheitern_muss, Abruf: 31.12.2015.

Was Wissens- und Innovationsmanagement verbindet und trennt

Klaus North

Wiesbaden Business School, Hochschule RheinMain

Klaus.North@hs-rm.de

1 Bewahren und Innovieren

In der Praxis wird Wissensmanagement bisher eher als eine bewahrende Disziplin gelebt. Organisationen konzentrieren sich vorwiegend darauf, Erfahrungen aus der Vergangenheit und für das aktuelle Geschäft notwenige Wissen zu dokumentieren, auszutauschen und abzusichern. Innovationsmanagement wird dagegen als die Disziplin verstanden, das „Neue" in Organisationen zu realisieren. Und doch sind beide Managementansätze vielfach miteinander verbunden. So lässt sich Innovation definieren als neue Kombination von Wissen, die einen zusätzlichen/veränderten/neuen Wert für die Kunden bzw. Betroffenen generiert. Die Rahmenbedingungen, die zu gestalten sind, damit Wissen in der und in die Organisation fließt sowie Prozess-, Produkt-, und Geschäftsmodell-Innovationen entstehen weisen Gemeinsamkeiten, aber auch Unterschiede in Abhängigkeit vom Geschäftsmodell auf: Ist das Geschäftsmodell eher auf die Optimierung und Absicherung des bestehenden Geschäfts ausgerichtet, so wird man auf inkrementelle Innovation und ein Vertiefen des Wissens und Lernen in abgesteckten Geschäftsfeldern setzen. Führung und Rahmenbedingungen fördern Kontinuität und begrenzen ein Ausbrechen in neue unbekannte Wissengebiete. Ist das Geschäftsmodell auf die Schaffung neuer Märkte („uncontested market space") ausgerichtet, sind radikale Innovationen und ein Bruch mit den bisher akzeptiert Wahrheiten notwendig (Markides und Chu, 2013). Wissensmanagement wird in diesem Fall dazu beitragen, altes Wissen abzuwerfen und rasch neues Wissen aufzubauen. Die Theorien der Ambidextrie (vgl. O'Reilly III und Tushman, 2004) oder der dynamischen Fähigkeiten (Teece, 2009) problematisieren diese unterschiedlichen Herausforderungen der Absicherung und Optimierung des aktuellen Geschäfts („Exploitation") und der Suche nach „Neuem" („Exploration").

Im Folgenden werden wir die vielfältigen Beziehungen von Wissen, Lernen und Innovation und deren Management näher betrachten.

2 (Un)Wissen & Lernen als Treiber und Ergebnis von Innovationen

2.1 Wissen über Innovationsprozess und über Innovationsinhalt

Stellt man – die vermeintlich einfachen – Fragen: „Was macht Organisationen innovativ?" oder „Wie kann die Innovationsfähigkeit von Personen, Gruppen und Organisationen gesteigert werden?" findet man je nach Forschungsansatz, Beratungsschwerpunkt oder Erfahrungshintergrund unterschiedliche Antworten: Es braucht einen definierten Innovationsprozess, sagen die einen. Promotoren sind wichtig, die Ideen voran treiben und durchsetzen, sagen andere. Freiräume und die richtige „Innovationskultur" sind entscheidend, betonen Dritte. Sensoren im Markt werden benötigt; die wirtschaftliche Verwertung technologischer Entwicklungen bringt Erfolg; die Kreativität muss gefördert werden, lesen wir bei anderen Experten. Reicht es aus, diesen Empfehlungen zu folgen, um mit hoher Wahrscheinlichkeit innovativ zu sein?

Innovationen entstehen nicht deterministisch, sondern sind Ergebnis selbstorganisierter Lernprozesse. Baitsch (1997) definiert Innovation als „das kreative und potentiell erfolgreiche Ergebnis kompetenten Handelns von Menschen" und verbindet Innovation bewusst mit dem Kompetenzbegriff. Er führt aus, dass Kompetenz Innovationen vorbereitet, diese aber nicht mit ausreichender Erfolgswahrscheinlichkeit planbar sind, da sie sich dem rationalen Zugriff entziehen.

Erfolgreiches Innovationsmanagement basiert daher auf einem bewussten Umgang mit der Ressource Wissen und einem systematischen Kompetenzmanagement. Andererseits sind Innovationsprobleme Wissens- bzw. Kompetenzprobleme. Betrachten wir die wichtigsten Gründe für das Scheitern von Innovationsprojekten (vgl. Tidd und Bessant, 2009; Lullies et al., 1993; Brockhoff, 1999): Die Unfähigkeit, technologische Innovationen an den Markt- und Kundenbedürfnissen zu orientieren, beruht auf mangelndem Wissen darüber und auf ineffizientem Wissenstransfer über Funktionsgrenzen hinweg. Kompetenzen zur Selbstorganisation werden blockiert und damit kommen mögliche Innovationen nicht zu Stande. Das in der Organisation vorhandene Wissen wird nicht auf Team-, Organisations- oder Netzwerksebene integriert. Innovationen scheitern, weil Unternehmen weder aus erfolgreichen noch aus fehlgeschlagenen Projekten systematisch lernen. Wissensträger werden nicht gezielt gefördert, Wissen geht unbedacht verloren. Innovationsfördernde Rahmenbedingungen bleiben unberücksichtigt.

Die Diskussion über die Innovationsfähigkeit von Organisation muss daher den Umgang mit der Ressource Wissen und Kompetenz problematisieren.

Innovationen verändern die organisationale Wissensbasis, d.h. die Gesamtheit des Wissens der Organisation in der inhaltlichen Dimension (Innovationsgegenstand) und der Prozessdimension (Wie innovieren wir?). Zum einen entsteht durch Innovationen neues Wissen über Technologien, Produkte, Prozesse, Kunden, das in der Organisation in Form von implizitem und explizitem Wissen auf den Ebenen des Individuums, der Gruppe bzw. Gesamtorganisation verankert wird. Zum anderen ist der Innovationsprozess ein Lernprozess, in dem durch innovationsgerichtetes Handeln Kompetenzen entwickelt werden (North und Friedrich, 2006).

Nonaka und Takeuchi (1995) haben als Grundproblem der Schaffung neuen Wissens für Innovationen die Überführung von implizitem in explizites Wissen formuliert. Denn erst wenn Wissen in expliziter Form vorliegt, ist es für die Organisation verfügbar. Im Unternehmen sind es oft Einzelne, die neues Wissen schaffen. Ein brillanter Forscher findet etwas heraus, was zu einem neuen Patent führt. Ein Verkaufsingenieur hat ein Gespür für Markttrends und wird zum Katalysator für ein neues Produktkonzept oder ein Arbeiter in der Fertigung kommt aufgrund seiner langjährigen Erfahrung auf die Idee ein Verfahren zu verbessern. Damit daraus erfolgreiche Innovationen werden, muss personengebundenes Wissen auch anderen zugänglich gemacht werden. Dieser ständige Prozess des Transfers des individuellen Wissens zum Kollektiv und zurück wird mit dem Begriff der Spirale des Wissens belegt. Hierbei ist ein Prozess der organisationalen Wissenserzeugung zu gestalten und zu lenken. Nonaka und Takeuchi (1995, S. VIII) formulieren dies so: „By organisational knowledge creation we mean the capability of a company as a whole to create new knowledge, distributed throughout the organisation and embodied in products, services and systems." (Unter organisationaler Wissenserzeugung verstehen wir die Fähigkeit eines Unternehmens als Ganzes neues Wissen zu erzeugen, dieses innerhalb der Organisation zu verteilen und es in Produkte, Dienstleistungen und Systeme zu inkorporieren. Vgl. dazu auch von Krogh nd Nonaka, 2000).

2.2 Innovieren ist ein Lernprozess – „Doing, using, interacting"

Innovationen entstehen nicht nur durch „Wissensarbeiter" (vgl. North und Güldenberg,2008) wie zB. durch Wissenschaftler und Ingenieure, sondern auch durch die Kompetenzen, die weitere Mitarbeiter, (potenzielle) Kunden, Lieferanten im Rahmen der Formulierung und Lösung von Problemen einbringen. Ein Ansatz, der diese Perspektive operationalisiert, ist die von Jensen et al. (2007) vorgeschlagene Unterscheidung der für Innovationen notwendigen Lern- und Kompetenzentwicklungsprozesse in den STI-Modus (Science, Technology, Innovation) und den DUI-Modus (Doing, Using, Interacting).

Im STI-Modus wird Wissen in wissenschaftlichen Prozessen generiert. Innovationen enstehen in den Labors der Forchung und Entwicklung. Mit DUI ist das erfahrungsbasierte Lernen gemeint, wie das Lernen aus Fehlern oder die Zusammenarbeit mit Konsumenten und Zulieferern. Die Kombination dieser beiden Formen des Lernens ist wichtig für erfolgreiche Innovationen und es ist Aufgabe des Wissensmanagement, dass sich diese beiden Formen gegenseitig unterstützen (Lorenz/Lundvall, 2006). Die Analyse des Unterschieds zwischen STI und DUI Modus zeigt, dass eine Entwicklung eingeleitet wurde, die von einer reinen Inhaltsperspektive bei Innovationen (STI) zu einer Prozessperspektive (DUI) reicht. Vor allem wird Wert darauf legt, wie Erfahrungen und Wissen von ‚Nichtspezialisten' durch unterschiedliche organisatorische Lösungen erfasst, genutzt und unterstützt werden können.

Betrachtet man den Innovationsprozess als Wissensproduktion, dann werden zwei Arten von Wissen gleichzeitig und gemeinsam produziert: Die Innovation an sich sowie Lernen und Kompetenzentwicklung.

Was sind nun innovationsförderliche Rahmenbedingungen und welche Rolle spielt Wissen dabei?

2.3 Wissen und Können reichen nicht zur Innovation

Aus der bisherigen Betrachtung der Zusammenhänge zwischen Innovation und Wissen lässt sich zusammenfassend feststellen:

- Der Innovationsprozess wird als Lernprozess verstanden.
- Der Innovationsprozess wird als kollektiver Prozess aufgefasst. Innovationen konkretisieren sich im Spannungsfeld zwischen Person, Gruppe, Organisation und über Organisationsgrenzen hinweg.
- Die Kunst implizites Wissen in explizites Wissen zu überführen wird als eine wichtige Kompetenz beschrieben wird, die sich sowohl auf den Innovationsinhalt als auch den Innovationsprozess bezieht.

Innovieren ist eine Tätigkeit, die aus Sicht der Handlungspsychologie (vgl. Kaiser und Werbig, 2012) vereinfacht wie folgt beschreiben werden kann (siehe Abb.1): Ein Motiv (z.B. die Welt zu verbessern, Elektromobilität voranzutreiben, die Kunden zufrieden zu stellen) ist Auslöser für das Setzen von Zielen, die dann durch veränderungsorientiertes Handeln zu neuen Lösungen und Erfahrungen führt. Damit aber Menschen veränderungsorientiert/innovativ handeln, braucht es entsprechende Rahmenbedingungen.

In Anlehnung an von Rosenstiel (2000) unterscheiden wir zwischen Bedingungen, die mit der Person und solchen die mit der Situation zu tun haben:

- Wissen und Können
- Individuelles Wollen
- Situative Ermöglichung
- Soziales Dürfen und Wollen

Die genannten vier Bedingungskategorien stehen in gegenseitiger Abhängigkeit. So ist ein Spannungsverhältnis durch individuelles Wollen und soziales Dürfen und Wollen gegeben: individuelle Neugier, Unzufriedenheit mit dem Bestehenden, Experimentierfreude können zu Innovationen führen, wenn Individualismus, Kauzigkeit, Bedarf an Zeit sozial akzeptiert und mitgetragen bzw. von einer Gruppe aufgenommen und weiterverfolgt wird.

Eine Gruppe wirkt unterstützend (blockierend) und fördert (behindert) individuelles Wollen und kann sich z.B. in kontinuierlichen Verbesserungsprozessen (KVP) konkretisieren.

Die Wertvorstellungen der Organisation – das sogenannte normative Wissen – können im positiven Fall Authentizität, Neugier, Fehlertoleranz fördern und damit Grundlage für Innovationen sein. Wissenserwerb, Benchmarking, Produktzerlegung, neue Mitarbeiter (Hochschulabsolventen, Praktikanten) bringen neues Wissen in die Organisation. Akzeptierte Verhaltensweisen werden hinterfragt, Energie für innovationsgerichtetes Handeln entsteht

Wenn jedoch das (implizite) Leitbild der Organisation Kontinuität proklamiert und es „verbotene Technologien" gibt, werden Innovation nur schwer den vorgegebenen Rahmen sprengen. So kann Wissen und Kompetenz auf einem spezifischen technologischen Feld Hemmschuh für Innovationen werden. Das Feld der Mobilität ist Beispiel dafür, dass neue Player unbelastet von spezifischem Vorwissen neue Lösungen entwickeln und etablierte Hersteller herausfordern.

Die situative Ermöglichung bezeichnet hemmende oder begünstigende Rahmenbedingungen für die Innovationstätigkeit. Hierzu gehören insbesondre Zeit und Handlungsspielräume.

Unser Modell zeigt, dass Wissen und Können nicht ausreichen, um Innovationen zu generieren, sodass es einer Innovationsökologie bedarf, in dem die vier Bedingungen innovierenden Handelns zusammenwirken. Hierbei sind unterschiedliche Innovationsökologien zu gestalten, in Abhängigkeit vom Geschäftsmodell.

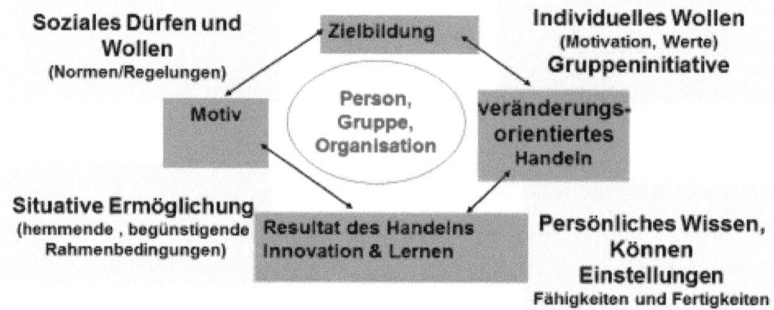

Abbildung 1: Schaffen von Bedingungen für innovierendes Handeln (Quelle: North und Friedrich 2006, S. 71)

3 Wissensstrategien für kumulative und disruptive Innovation

Im Folgenden soll daher auf die Zusammenhänge zwischen Innovationsstrategie und Wissensstrategie eingegangen werden. Die Studie des BMBF (1998) zur technologischen Leistungsfähigkeit Deutschlands hat gezeigt, dass das Innovationssystem im deutschsprachigen Raum (D –A-CH) eher Innovationen hochwertiger Produkte entlang vorgezeichneter Entwicklungslinien mit hoher Wertschöpfung in etablierten Sektoren fördert (vgl. auch Polt et al., 2010; Bathelt und Glückler, 2012) Wir nennen diese Art von Innovation kumulative oder inkrementelle Innovation. Andererseits fördert das US-Innovationssystem eher Innovationen neu aufkommender Technologien und Sektoren. Wir nennen dies radikale oder disruptive Innovation (vgl. Christensen, 2015). Beide Innovationsstrategien werden durch unterschiedliche Wissensstrategien unterstützt. Wissensaufbau bei kumulativer Innovation setzt auf sogenannte Plattformtechnologien, die dann kontinuierlich weiterentwickelt werden. Die deutsche Automobilindustrie ist hierfür ein klassisches Beispiel. Es kommt zu einer Wissensakkumulation. Lieferanten und ggf. Kunden werden verstärkt als Entwicklungspartner einbezogen. Die Wissensentwicklung ist weitgehend vorhersehbar. Das Leitbild betont bei kumulativer Innovation die Kontinuität. Es gibt sogenannte „verbotene" Technologien. Die Produktion ist als sogenannte diversifizierte Qualitätsproduktion angelegt, erfordert komplexe Produktionsprozesse, Wartungsdienstleistungen sowie enge Kundenbeziehungen. Produkte und Prozesse werden in langfristiger Zusammenarbeit mit den Kunden verbessert. Mitarbeiter verbleiben lange Zeit im gleichen Unternehmen und akkumulieren implizites Wissen. Die Berufsaus- und -weiterbildung ist spezifisch auf einzelne Berufsbilder, Branchen bzw. Unternehmen ausgerichtet. Es bildet sich eine Identität, bezogen auf das Unternehmen oder die Branche heraus. Innerhalb des Unternehmens oder des Sektors ist das Wissen breit verteilt, es gibt keine ausgesprochenen Wissenseliten. Zwischen Unternehmen findet ein kooperativer Technologietransfer statt, häufig unterstützt durch Branchenverbände oder staatliche Stellen. Technische Standards werden konsensorientiert gesetzt.

Im Gegensatz hierzu beruht der Wissensaufbau bei radikaler oder disruptiver Innovation auf einer Kombination von Spitzentechnologien und Dienstleistungen. Der entscheidende Unterschied des deutschen im Vergleich zum angloamerikanischen Innovationssystem liegt jedoch nicht in einem schwächer ausgeprägten Sektor Spitzentechnologie, sondern in einem kleiner dimensionierten Dienstleistungssektor. Das Leitbild bei radikaler Innovation betont Veränderung und vermeidet Technologietabus (wie z.B. die Entwicklungen selbstfahrender Fahrzeuge zeigen). Die Ideenökonomie radikaler Innovation wird unterstützt durch kurzlebige, diskrete Prozessinnovationen. Es wird davon ausgegangen, dass die Produktionskosten neuer Produkte sehr schnell sinken und daher eine Produktion bzw. Verteilung im Extremfall in der Softwareindustrie mit gegen Null gehenden Kosten möglich ist. Radikale Innovationen werden unterstützt durch eine hohe Mitarbeitermobilität zwischen Berufen, Branchen und Unternehmen. Es bilden sich Wissenseliten heraus. Dies bedeutet im Softwaresektor, dass z.B. ein höchstqualifizierter Softwarentwickler mit einem neuen Produkt den gesamten Markt verändern kann, so dass in diesem Sektor individuelle Höchstleistungen und weniger eine breite Verteilung von guten Entwicklungsleistungen gefragt ist (die dann ggf. global eingekauft werden). Die Wissensgenerierung wird durch Venture-Unternehmer geprägt, die die besten Köpfe mit den besten Ideen abwerben. Technische Standards werden in einem Konkurrenzkampf gesetzt, wie wir in den vergangenen Jahren im Elektronik- und Softwarebereich gesehen haben.

Die beiden hier dargestellten Innovationsstrategien, kumulative Innovation und disruptive Innovation, können auch in verschiedenen Geschäftsbereichen eines einzelnen Unternehmens koexistieren. Das bedeutet, dass es die eine Innovations- und Wissensstrategie in einem Gesamtunternehmen gar nicht geben muss, sondern dass es dem Konzept der Ambidextrie folgend unterschiedliche Kontexte, Subkulturen in einem Unternehmen geschaffen werden, die das jeweils gewünschte Innovationsmodell unterstützen.

4 Fazit

Wir haben gezeigt, dass Wissen und Innovation in vielfältiger Weise verknüpft sind. Dabei kann Wissen sowohl als Auslöser und Ermöglicher als auch als Hemmnis für Innovationen wirken. Letzteres entsteht, wenn Wissen vermeintliche Gewissheiten schafft, die in Routinen und Wertvorstellungen verankert sind und nicht hinterfragt werden („das haben wir schon immer so gemacht"). Dieser Umgang mit Wissen stabilisiert einerseits Organisationen und behindert andererseits Veränderungen. Diese Aufgabe des „Stabilisieren" trennt das Wissens- vom Innovationsmanagement. Innovationen entstehen mit dem Durchbrechen von Routinen und Gewissheiten. „Hier nimmt Wissensmanagement eine andere Rolle ein, nämlich die des Innovators und Irritators „am System". Hier muss es Wissensmanagement gelingen, die Entwicklung von „dynamischen Fähigkeiten" von Organisationen zur Rekonfiguration, Neuausrichtung und Integration von Kernkompetenzen mit externen Ressourcen zu unterstützen. Die Frage dabei ist: Welches Wissen braucht eine sich kontinuierlich selbst erneuernde Organisation um auch zukünftig wettbewerbsfähig zu sein. Dieser Prozess der „Dynamisierung" ist zugleich der Kernprozess des Wissensmanagements der Zukunft, denn es setzt an den Steuerungsmechanismen der Organisation an. In einem Umfeld, das durch Unvorhersehbarkeit und unterschiedliche, bisher nicht „vorgedachte" Krisensituationen gekennzeichnet ist, muss Wissensmanagement rasche Problemlösung, permanentes Experimentieren, gemeinsames Lernen sowie sinnvoll aus Fehlern zu lernen unterstützen" (North und Haas, 2014, S. 54)

5 Literatur

Baitsch, C. (1997): Innovation und Kompetenz – Zur Verknüpfung zweier Chimären. In: F. Heideloff & T. Radel (Hrsg.). Organisation von Innovation: Strukturen, Prozesse, Interventionen, München, 59-74.

Bathelt, H.; Glückler, J. (2012) Wirtschaftsgeographie. Stuttgart: UTB (3. Auflage).

BMBF, 1998, Zur technologischen Leistungsfähigkeit Deutschlands – Zusammenfassender Endbericht; Bonn: BMBF.

Brockhoff, K. (1999): Forschung und Entwicklung: Planung und Kontrolle, 5. Auflage, München.

Christensen, C.M.; Raynor, M.E.; McDonald, R. (2015): What Is Disruptive Innovation? Harvard Business Review, December, 44–53.

Jensen, M.B.; Johnson,B.; Lorenz, E.; Lundvall, B.A. (2007): Forms of knowledge and modes of innovation. Research Policy 36, 680–693.

Kaiser,H.J.; Werbig,H. (2012): Handlungspsychologie: Eine Einführung. Stuttgart: UTB.

Lullies, V. et al. , 1993, Wissenslogistik – Über den betrieblichen Umgang mit Wissen bei Entwicklungsvorhaben; Frankfurt/M.: Campus.

Lorenz, E., Lundvall, B.-Å. (Eds.) (2006); How Europe's economies learn, Oxford, Oxford University Press.

Markides;c.; Chu, W.(2013): Innovation through Ambidexterity: How to Achieve the Ambidextrous Organization. http://facultyresearch.london.edu/docs/sim45.pdf (Zugriff 7.07.2016)

Nonaka, I.;Takeuchi, H. (1995): The Knowledge creating company. Oxford: Oxford University Press.

North, K.; Haas, O. (2014): Zwischen Experiment und Routine: Wie wird Wissensmanagement erwachsen? Organisationsentwicklung Nr. 3/2014, 50-56

North, K. (2000): Wissen schaffen in Forschung und Entwicklung. in: Bürgel, H. D.(Hrsg.): R&D Management 2000plus, Berlin/Heidelberg: Springer, 29-49.

North, K., Friedrich, P., Brahtz, M. (2005): Innovationskompetenz – Bestandsaufnahme, Modell, Ebenen. In: Kompetenzentwicklung 2005. Münster: Waxmann, 69-122.

North, K., Friedrich, P.(2006): Modellierung und empirische Fundierung von Innovationsfähigkeiten aus kompetenztheoretischer Sicht. Wiesbaden: FHW, Endbericht eines ABWF-Projekts.

O'Reilly III C.A. and Tushman, M. (2004): The Ambidextrous Organization. Harvard Business Review , April, 74-81.

O'Reilly III C.A. and Tushman, M. (2013): Organizational Ambidexterity: Past, Present and Future. http://www.hbs.edu/faculty/Publication%20Files/O'Reilly%20and%20Tushman%20AMP%20Ms%20051413_c66b0c53-5fcd-46d5-aa16-943eab6aa4a1.pdf (Zugriff 7.07.2016).

Polt, W.;Berger, M.; Boekholt, P.; Cremers, K.; Egeln, J.; Gassler, H.; Hofer, R.; Rammer, C. (2010): Das deutsche Forschungs- und Innovationssystem – Ein internationaler Systemvergleich zur Rolle von Wissenschaft, Interaktionen und Governance für die technologische Leistungsfähigkeit. Studien zum deutschen Innovationssystem Nr. 11-2010. Joanneum Research Forschungsgesellschaft mbH, Wien, Technopolis Group, Amsterdam und Brighton, Zentrum für Europäische Wirtschaftsforschung (ZEW), Mannheim.

Rosenstiel, L.v. (2000): Wissen und Handeln in Organsationen. In: Mandl, Gerstenmaier (Hrsg.): Die Kluft zwischen Wissen und Handeln, Göttingen: Hogrefe, 96-138.

Teece, D. (2009): Dynamic capabiliteis & strategic management. Oxford: Oxford University Press.

Tidd, J.; Bessant, J. (2009): Managing Innovation – Integrating Technological, Market and Organizational Change. Chichester: Wiley (4th edition).

von Krogh, G.; Ichijo, K.; Nonaka, I. (2000): Enabling Knowledge Creation: How to Unlock the Mystery of Tacit Knowledge and Release the Power of Innovation. Oxford: Oxford University Press.

Arbeitsprozesse artikulieren – auf dem Weg zu einem gemeinsamen Verständnis

Stefan Oppl

Institut für Wirtschaftsinformatik – Communications Engineering
Johannes Kepler Universität Linz

stefan.oppl@jku.at

1 Einleitung

Seit Mitte der 1980er-Jahre nimmt Informationstechnologie eine immer zentraler werdende Rolle in der Gestaltung von Arbeitsprozessen in Organisationen ein. Informationstechnologie ermöglicht dabei nicht nur unmittelbar wertschöpfende Arbeit. Sie wurde und wird vor allem als Steuerungs- und Koordinationsinstrument eingesetzt, mit dessen Hilfe die verfügbaren „Ressourcen" im betriebswirtschaftlichen Sinne effektiver und effizienter eingesetzt werden sollen.

Diesem Verständnis der Rolle von Informationstechnologie liegt eine technokratische Organisationssicht zugrunde, die Arbeitende genau wie Maschinen oder Materialien einheitlich als disponierbare Ressourcen betrachtet. Menschen im Kontext von Arbeit als „Humanressourcen" zu betrachten hat vordergründig Vorteile in der Planung und Steuerung von wertschöpfenden „Geschäftsprozessen". Sämtliche Arten von „Ressourcen" können so abstrahiert von der organisationalen Realität als Elemente des Geschäftsprozesses betrachtet und hinsichtlich ihrer Auslastung optimiert werden. Zu diesem Zweck werden konzeptuelle Modelle dieser Prozesse erstellt, die IT-unterstützt verarbeitet werden können (Herrmann, Hoffmann, Kunau, & Loser, 2002).

Die Vernachlässigung sozialer und kognitiver Eigenschaften der involvierten Arbeitenden in diesen Prozessmodellen ist jedoch eine Abstraktion, die die individuellen Kompetenzen und Bedürfnisse der Arbeitenden ignoriert, und die unmittelbar negative Auswirkungen auf das zu erreichende Arbeitsziel haben kann. Die konsequente Umsetzung dieses Ansatzes ignoriert die individuelle Weiterentwicklung der beteiligten Arbeitenden, und macht die adäquate Reaktion auf kurzfristig veränderte Bedingungen in der Arbeitsumgebung unmöglich (Herrmann et al., 2002). Adäquate Reaktionen sind nur durch Verletzung des vorgeschriebenen Prozessablaufs umsetzbar, indem Arbeitende die Vorgaben des steuernden Informationssystems ignorieren bzw. sich diesen widersetzen und sich mit „Work-Arounds" behelfen.

Diesen Nachteilen zum Trotz haben prozess-orientierte sozio-technische Arbeitsbeeinflussungs-Systeme wie ERP-Systeme (Enterprise Resource Planning), SOPs (Standard Operating Procedures) oder MES (Manufacturing Execution Systems) heute eine Verbreitung erreicht, durch die ein Großteil der Arbeitenden direkt oder indirekt von diesen vorgegebenen Abläufen in ihrer täglichen Arbeit beeinflusst werden. Arbeitende werden dadurch immer wieder mit einer Diskrepanz zwischen der wahrgenommenen Arbeitsrealität und den in den Prozessmodellen hinterlegten Idealvorstellungen konfrontiert. Die Ausprägungen dieser Diskrepanz reichen von suboptimal konzipierten Bildschirmformularen über fehlerhafte oder unzureichende Informationsbereitstellung bis hin zu nicht umsetzbaren Vorgaben in durchzuführenden Arbeitsabläufen. Diese Diskrepanzen führen entweder zu Vermeidungsstrategien, in denen die Vorgaben der Informationstechnologie mit zusätzlichem Aufwand umgangen werden, oder zu einer Akkommodation der im Beeinflussungs-System kodierten Handlungsvorgaben durch die Arbeitenden. Die durch den Einsatz von Informationstechnologie mögliche Steigerung der individuellen und organisationalen Arbeitseffektivität wird so verhindert (Škerlavaj, Štemberger, Škrinjar, & Dimovski, 2007) und einer vordergründig zu vermutenden Nachvollziehbarkeit und Standardisierung von Arbeitsprozess und -ergebnis untergeordnet. Die heutige betriebliche Realität in vielen Domänen ist hinsichtlich eben dieser Nachvollziehbarkeit und Standardisierung von externen wie internen Rahmenbedingungen in einer Form geprägt, die den Einsatz der genannten Systeme zur Steuerung und Dokumentation erzwingen. Die Schaffung von Rahmenbedingungen zur Selbstermächtigung der arbeitenden Individuen muss also innerhalb der existierenden Systemgrenzen erfolgen.

Daraus abgeleitet muss ein von Arbeitenden getriebenes, auf deren Wissen und Erfahrungen aufbauendes Verständnis von Geschäftsprozessmanagement angestrebt werden, das Arbeitende in die Lage versetzt, ein Verständnis über die organisationalen Zielsetzungen eines Arbeitsprozesses zu entwickeln und innerhalb dieses Rahmens ihre Arbeitsprozesse und Kooperation selbstgesteuert gestalten können. Ausgehend von dieser praktischen Problemstellung wird im Sinne eines „Design Science"-Vorgehens (Hevner, March, Park, & Ram, 2004) in der Folge eine Methode beschrieben, die Arbeitende in die Lage versetzt, ihre eigenen Sichtweisen auf ihre Arbeitsprozesse zu reflektieren, diese kommunizierbar zu machen. Dadurch wird eine gemeinsame Sichtweise entwickelt, die die operative Arbeitsumsetzung verbessert. Gleichzeitig wird dabei die aktuellen IT-Systemen zugrunde liegende konzeptuelle Modellierung von Arbeitsprozessen genutzt, um die Möglichkeit zur IT-basierten Unterstützung der Arbeitenden zu wahren und eventuell notwendige Dokumentationserfordernisse gewährleisten zu können.

2 Gemeinsames Verständnis durch Modellierung

Das Ziel der Unterstützung von Abstimmungsprozessen im Arbeitskontext wurde mit der Konzeption der Methode „CoMPArE/WP" realisiert. CoMPArE/WP steht für „*Collaborative Multi-perspective Articulation and Elicitation of Work Processes*". Bei der Anwendung von CoMPArE/WP wird anhand der Reflexion über einen realen kollaborativen Arbeitsprozess einerseits Bewusstsein über die Zusammenarbeit im konkreten Einzelfall geschaffen, andererseits werden niederschwellig und schrittweise die Konzepte und Vorgehensweisen zur Modellierung von Arbeitsprozessen vermittelt. Aufgrund ihrer Verankerung am konkreten Arbeitsprozess eignet sich die Methode auch als Mittel zur Organisationsentwicklung. Ihre Gestaltung orientiert sich jedoch an didaktischen Erkenntnissen zur Vermittlung von Modellierungskompetenz und der Unterstützung von kollaborativen Reflektionsprozessen.

2.1 Überblick

Die Erzeugung eines gemeinsamen Modells über einen kollaborativen Arbeitsprozess durch die beteiligten Arbeitenden wird in der vorgeschlagenen Methode in vier Schritten durchgeführt. Dieser Zugang ist einerseits der Notwendigkeit der Durchführung von vorbereitenden Schritten zur Abstimmung der mentalen Modelle der Beteiligten geschuldet, andererseits wird so das konzeptuelle Modellieren schrittweise mit steigenden Anforderungen an Abstraktionsfähigkeit und Strukturierung eingeführt.

Schritt 1 dient der Findung eines gemeinsamen Verständnisses darüber, wo und wie der abzustimmende Arbeitsprozess beginnt und endet sowie der Findung eines gemeinsamen Vokabulars. Das Ergebnis ist eine Concept Map (Novak, 1995), in der alle relevanten Konzepte abgestimmt dargelegt werden. Schritt 2 dient der Artikulation und Reflexionen des jeweiligen individuellen Arbeitsbeitrages. Alle Beteiligten erstellen hier individuell und ohne Interaktion mit anderen ein strukturiertes Modell ihrer Sichtweise auf ihren jeweiligen Arbeitsbeitrag. Durch die einheitlich strukturierte Darstellung der individuellen Beiträge ist in Schritt 3 eine kollaborative Abstimmung derselben möglich, während der eine gemeinsame Sicht auf den gesamten Arbeitsprozess Entstehen soll. Das Ergebnis ist so strukturiert, dass es der nachvollziehbaren Dokumentation oder der Konfiguration von IT Systemen dienen kann. Schritt 4 dient der Validierung des entwickelten Prozesses und wird interaktiv IT-gestützt durchgeführt. Die folgenden Unterabschnitte erläutern die einzelnen

Schritte im Detail und beschreiben jeweils auch deren didaktische Unterstützung und deren Ergebnisse.

2.2 Schritt 1: Gemeinsamen Kontext erzeugen

Nicht alle Beitragenden haben notwendigerweise ein gemeinsames Verständnis über die Konzepte, mit denen sie Ihre Arbeit beschreiben. Insbesondere wenn Personen mit unterschiedlichen beruflichen Hintergründen und Ausbildungen Zusammenarbeiten sollen, ist es wahrscheinlich, dass das das gleiche reale Phänomen mit unterschiedlichen Begriffen bezeichnet wird, oder umgekehrt, dass der gleiche Begriff für unterschiedliche reale Phänomene verwendet wird. Um die vorhandenen Erklärungsmodelle soweit abzustimmen, dass ein gemeinsames Vokabular eine Zusammenarbeit ermöglicht, kann kollaboratives Concept Mapping eingesetzt werden (van Boxtel, van der Linden, Roelofs, & Erkens, 2002) (Gao, Shen, Losh, & Turner, 2007).

Concept Maps ermöglichen einen niederschwelligen Einstieg in die Welt der konzeptuellen Modellierung, da sie die Bedeutung von Modellelementen nicht vorgeben, sondern während der Modellierung nur die Beteiligten Personen festlegen lassen. Dies erleichtert die Abbildung der individuellen mentalen Modelle in die explizite Repräsentation (Simone & Sarini, 2002) und vermeidet die Notwendigkeit, neben der Abstimmung mit den anderen beteiligten Personen bereits im ersten Schritt auch noch eine Abbildung auf ein Modell mit formal definierte Semantik durchführen zu müssen.

Im Rahmen der Methode werden die Beteiligten aufgefordert, alle relevanten Aspekte der Arbeitsumgebung zu beschreiben, in die der zu reflektierende Arbeitsprozess eingebettet ist. Dies erfolgt, indem jeder Aspekt individuell einzeln auf einer Karte notiert wird. Im Rahmen der Zusammenführung der individuellen gesammelten Aspekte werden die Karten reihum einzeln auf einer gemeinsamen Modellierungsfläche angeordnet. Die Aspekte können zueinander in Beziehung gesetzt werden. Karten mit unterschiedlichen Begriffen für den gleichen Aspekt werden überlappend angeordnet. Hierarchische oder kausale Beziehungen zwischen Aspekten können durch das explizite Zeichen von Verbindungen aber auch durch die räumliche Anordnung der Karten dargestellt werden. Das folgende Beispiel (vgl. Abbildung 1), das in diesem Abschnitt durchgängig zur Erläuterung der Methode herangezogen wird, zeigt eine Concept Map mit relevanten Aspekten für die Beantragung eines Urlaubs. Die Aspekte wurden durch räumliche Anordnung zueinander in Beziehung gesetzt.

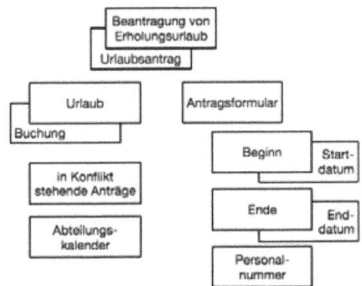

Abbildung 1: Concept Map zur Darstellung des Arbeitskontext

2.3 Schritt 2: Individuelle Artikulation

Im Rahmen der Externalisierung von mentalen Modellen in konzeptuellen Modellen kommt es zu einer inhärenten Reflexion Ersterer (Dann, 1992), wobei Lücken und Inkonsistenzen individuell wahrnehmbar werden (Ifenthaler, 2006). Im Rahmen eines individuellen Artikulations-Schrittes ist dieser Phase auch Teil der vorgeschlagene Methode.

Schritt 2 fokussiert deshalb auf die Artikulation des wahrgenommenen individuellen Beitrags zum Arbeitsprozess. Die Modellbildung erfolgt dabei durch alle beteiligten Personen individuell, ohne Interaktion mit Anderen. So werden Überlagerungseffekte vermieden und unterschiedliche Sichtweisen für den nächsten Schritt explizit aufgedeckt.

Zur Darstellung der Arbeitsprozesse wird in diesem Schritt eine strukturierte Darstellungsform mit vorab spezifizierter Semantik verwendet. Diese ist an den gängigen Kategorie-Schemata zur Beschreibung collaborative Arbeitsprozesse orientiert (Muehlen & Recker, 2008). Zum Einsatz kommen dabei die Kategorien WER, WAS und AUSTAUSCH. WER (blau in Abbildung 2) bezieht sich auf die Akteure im Arbeitsprozess, WAS (rot in Abbildung 2) wird verwendet um Beiträge zum beziehungsweise Tätigkeiten im Rahmen des Arbeitsprozesses zu beschreiben. AUSTAUSCH (gelb in Abbildung 2) wird im Kontext kollaborativer Arbeitsprozesse verwendet, um die Weitergabe oder den Austausch von Informationen oder Material zwischen Akteuren im Rahmen der eigenen Tätigkeiten zu charakterisieren. Im Sinne der einfacheren Verwendbarkeit werden diese Kategorien nicht exakt spezifiziert und lassen bewusst Interpretationsspielraum im konkreten Einsatz (Zarwin, Bjeković, Favre, Sottet, & Proper, 2014).

In Schritt 2 verschreiben die beteiligten Personen nun mit Hilfe dieser Elemente, WAS sie im Arbeitsprozess beitragen, WER mit Ihnen interagiert, und in welcher Form dieser AUSTAUSCH stattfindet. Unterstützung des Artikulationsprozesses wurde ein Strukturierungsschema entwickelt, dass die erstellten

Modelle in einer einheitlichen Form aufbereitet und deren Zusammenführung im nächsten Schritt ermöglicht.

Abbildung 2 zeigt drei individuelle Modelle zu dem oben beschriebenen Beispiel-Prozess. Im Beispiel ist ersichtlich dass es an dieser Stelle zu inhaltlich divergenten Repräsentationen vor allem im Bereich der AUSTAUSCH-Elemente kommen kann (vgl. „Urlaubsantrag" vs. „vollständig ausgefülltes Formular" in Abbildung 2). Diese sind in Schritt 3 Gegenstand der Aushandlung einer gemeinsamen Sichtweise.

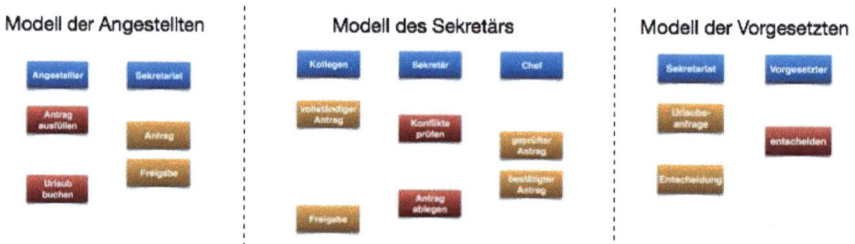

Abbildung 2: Ergebnisse der individuellen Artikulation

2.4 Schritt 3: Kollaborative Abstimmung

Die Aushandlung einer gemeinsamen Sichtweise und die damit einhergehende Erstellung eines gemeinsamen Models erfolgt wiederum mittels einer strukturierten Vorgehensweise, die komplexere Modellierungsaufgaben heranführen soll und eine einheitlich aufbereitete Modell-Repräsentation gewährleistet.

Grundlage der kollaborativen Abstimmung sind die in Schritt 2 erstellten individuellen Modelle. Diese werden wie im Folgenden beschrieben zusammengeführt, wobei in Konflikt stehenden mentale Modelle identifiziert werden und im Zuge der Modellbildung ausgehandelt werden müssen. Abbildung 3 zeigt exemplarisch einen Abstimmungsprozess für zwei der im Beispiel repräsentierten Akteure.

Die gemeinsamen Modellbildung erfolgt wiederum auf einer gemeinsamen Modellierungsoberfläche. Jener Teilnehmende, der auch den realen Arbeitsprozess auslöst, beginnt mit der Beschreibung der eigenen Beiträge zum Arbeitsprozess und fügt der Oberfläche die entsprechenden Modelle-Elemente hinzu. Die übrigen Teilnehmenden intervenieren hier nur nachfragend zur Vermeidung von Missverständnissen oder zur Offenlegung von Unklarheiten. Eine aktive Beteiligung der anderen erfolgt, sobald das erste AUSTAUSCH Element zum Einsatz kommt. Sofern eine grundlegend gemeinsame Sichtweise auf den Arbeitsprozess existiert, sollte an dieser Stelle einer der Teilnehmenden ein entsprechend zuzuordnendes AUSTAUSCH-Element einbringen können. Ist dies der Fall, so wird der Beschreibungsprozess durch diese Person fortgesetzt. Bei einer grundsätzlichen Fassung, die sich jedoch in der Bezeichnung des Elementes unterscheidet, muss diese mehrfache Bezeichnung aufgelöst werden oder die semantische Äquivalenz der beiden Elemente durch überlappendes Anordnen dargestellt werden. Falls kein zuzuordnendes Element vorhanden ist, wird eine grundsätzlich divergierende Repräsentation sichtbar. Diese kann auf mangelndes Relevanzbewusstsein zurückzuführen sein, das bedeutet, das dem angesprochenen Teilnehmenden die Interaktion zwar bewusst war, aber im Kontext des Arbeitsprozesses als nicht relevant erschien. Falls eine wahrgenommene Interaktions-Erfordernis eines Teilnehmenden nicht erwidert wird, muss es jedoch so tiefergehenden Aushandlungsprozessen kommen. (Weinberger & Fischer, 2006) führen beispielhafte Verläufe derartiger Aushandlungs- und Konsensbildungsprozesse an.

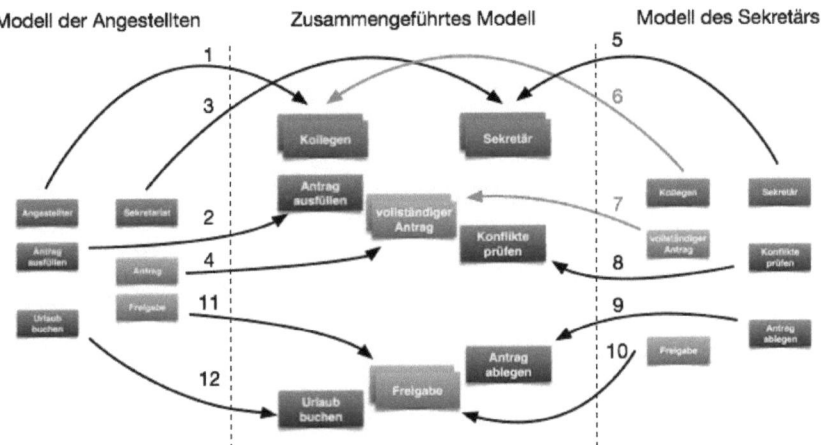

Abbildung 3: Vorgehen bei der Konsolidierung

Der initiale Abstimmungsprozess endet, sobald alle Teilnehmenden ihre individuellen Modelle erläutert und zum gemeinsamen Modell hinzugefügt haben. Dieser Externalisierungs-Phase folgt eine kollaborative Reflexionsphase, im Rahmen derer der Arbeitsprozess anhand des gemeinsamen Modells durchgegangen und hinsichtlich seiner Passung auf die individuellen Sichtweisen der Beteiligten diskutiert wird. Etwaige notwendige Modifikationen werden an dieser Stelle nach Konsensbildung der jeweils Betroffenen durchgeführt.

Abbildung 4 zeigt das Endergebnis eines kollaborativen Abstimmungsprozess das anhand des bereits eingeführten Beispiels.

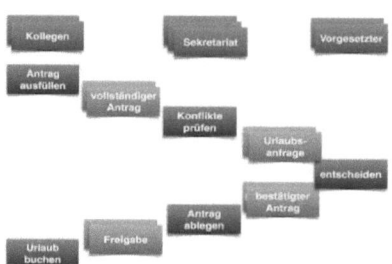

Abbildung 4: Ergebniss der kollaborativen Konsolidierung

2.5 Schritt 4: Validierung durch virtuelle Ausführung

Die Validierung der im letzten Schritt erstellen Modelle erfolgt durch deren Ausführung mittels einer Workflow-Engine. Im Rahmen der Ausführung wird der Prozess durch die Modellierenden „durchgespielt". So können Fehler und Inkonsistenzen identifiziert und korrigiert werden. Das erstellte Modell wird dazu in eine durch IT-Systeme interpretierbare Form gebracht (Oppl 2015). Die Workflow-Engine ermöglicht eine Modifikation der aktuell ausgeführten Modelle, ohne die Ausführung unterbrechen zu müssen (Oppl, 2015). Dadurch geht der Kontext der Ausführung nicht verloren und ermöglicht eine durchgängige Reflexion der erstellten Modelle. Zur Modifikation des Modells wird ein interaktiver Modellierungstisch (Oppl & Rothschädl, 2014)) verwendet (siehe Abbildung 5) Dieser stellt das Model in der zuvor eingeführten Codierung dar und erlaubt dessen unmittelbare kollaborative Manipulation. Die Validierung mittels virtueller Ausführung bedient sich damit sowohl semantisch als auch hinsichtlich der Modalität der Interaktion der gleichen Mittel wie die übrigen Schritte und fügt sich damit nahtlos in die Methode zur Entwicklung einer gemeinsamen Sichtweise auf einen Arbeitsprozess ein.

Abbildung 5: Interaktive Oberfläche zur Prozessvalidierung

3 Zusammenfassung & Fazit

Das Ergebnis der Anwendung der Methode stellt nun eine konsensuale Repräsentation des kollaborativen Arbeitsprozesses dar. Aufgrund der eingeschränkten Ausdrucksstärke der eingesetzten Modellierungssprache ist an dieser Stelle die Abbildung von – ansonsten Prozessbeschreibung üblichen – Arbeitsvarianten oder Entscheidungen nicht möglich. Diese Entscheidung fiel wiederum unter didaktischen Gesichtspunkten, da empirische Belege (Lai, Peng, & Ni, 2014) zeigen, dass unerfahrene Modellierende ihre Sichtweisen auf einen Arbeitsprozess initial einfacher narrativ anhand eines konkreten Falles beschreiben können. Entscheidungen hinsichtlich der konkreten Umsetzung des Arbeitsprozesses sind so bei der Beschreibung bereits gefallen, damit ist eine explizite Repräsentation an dieser Stelle nicht notwendig. Eine vollständige Beschreibung des Arbeitsprozesses erfolgt erst im letzten Verfeinerungsschritt im Rahmen der Validierung (Oppl, 2015).

Im Sinne der Bildung von Model- und Modellierungskompetenz liegt der Fokus in Schritt eins auf der Hinführung zur für die Modellbildung notwendige Abstraktion und Konzeptualisierung von Wahrnehmungen der realen Welt. In Schritt 2 erfolgt die Darstellung und Reflexion der eigenen Arbeitswahrnehmung in konzeptuellen Modellen. Schritt 3 fokussiert in der Folge auf Modell-Verständnis,-Interpretation und Aushandlung von Modellinhalten, wodurch letztendlich die Kompetenz zur selbstermächtigenden Beeinflussung von Arbeitsprozessen vermittelt wird. Schritt 4 schult die Reflexionkompetenz anhand konzeptueller Modelle und vermittelt ein Verständnis über mögliche Diskrepanzen zwischen Modell und realer Welt.

In diesem Artikel wurde argumentiert, warum Arbeitende in die Lage versetzt werden müssen, die ihre Arbeit prägenden Modelle zu erkennen, zu gestalten und deren Wirkung auf das reale Arbeitssystem einschätzen zu können. In der Folge wurde eine Methode vorgestellt, die die Erreichung dieser Ziel unterstützt. Die hier vorgestellten Maßnahmen können jedoch nur ein erster Schritt hin zu einer alternativen Arbeitorganisation sein, in der die Qualifikation zur selbstermächtigten und selbstermächtigenden Gestaltung von Arbeitsprozessen ein inhärenter Bestandteil ist. Nur wenn Arbeitende ein Verständnis für die organisationalen Zusammenhänge ihrer Arbeitsbeiträge erkennen und würdigen können, werden sie in die Lage versetzt, ihre Arbeit auch innerhalb existierender System-Grenzen so zu gestalten, dass die Erreichung des organisationalen Arbeitsziels gewährleistet ist und gleichzeitig die Arbeitszufriedenheit aller Beteiligten gesteigert wird.

4 Literatur

Dann, H. D. (1992). Variation von Lege-Strukturen zur Wissensrepräsentation. In B. Scheele, *Struktur-Lege-Verfahren als Dialog-Konsens-Methodik*. (Vol. 25, pp. 2–41). Aschendorff.

Gao, H., Shen, E., Losh, S., & Turner, J. (2007). A Review of Studies on Collaborative Concept Mapping: What Have We Learned About the Technique and What Is Next? *Journal of Interactive Learning Research*, *18*(4), 479–492.

Herrmann, T., Hoffmann, M., Kunau, G., & Loser, K. U. (2002). Modelling Cooperative Work: Chances and Risks of Structuring.. *Proc. of COOP*, 53–70.

Hevner, A. R., March, S. T., Park, J., & Ram, S. (2004). Design science in information systems research. *MIS Quarterly*, *28*(1), 75–105.

Ifenthaler, D. (2006). *Diagnose lernabhängiger Veränderung mentaler Modelle*. Dissertation, University of Freiburg.

Lai, H., Peng, R., & Ni, Y. (2014). A collaborative method for business process oriented requirements acquisition and refining. *Proc. of ICSSP 2014*, 84–93.

Muehlen, M., & Recker, J. C. (2008). How much language is enough? Theoretical and practical use of the business process modeling notation. *Advanced Information Systems Engineering*, 465–479.

Novak, J. D. (1995). Concept mapping to facilitate teaching and learning. *Prospects*, *25*(1), 79–86.

Oppl, S., & Rothschädl, T. (2014). Separation of Concerns in Model Elicitation – Role-Based Actor-Driven Business Process Modeling. In Proc. of S-BPM ONE 2014, Springer.

Oppl, S. (2015). Articulation of work process models for organizational alignment and informed information system design. *Information & Management*. in press

Simone, C., & Sarini, M. (2002). Recursive Articulation Work in Ariadne: The Alignment of Meanings. *Proceedings of COOP 2002*, 191–206.

Škerlavaj, M., Štemberger, M. I., Škrinjar, R., & Dimovski, V. (2007). Organizational learning culture—the missing link between business process change and organizational performance. *Int. J. of Prod. Economics*, *106*(2), 346–367.

van Boxtel, C., van der Linden, J., Roelofs, E., & Erkens, G. (2002). Collaborative Concept Mapping: Provoking and Supporting Meaningful Discourse. *Theory Into Practice*, *41*(1), 40–46.

Weinberger, A., & Fischer, F. (2006). A framework to analyze argumentative knowledge construction in computer-supported collaborative learning. *Computers & Education*, *46*(1), 71–95.

Zarwin, Z., Bjeković, M., Favre, J.-M., Sottet, J.-S., & Proper, H. A. (2014). Natural Modelling. *The Journal of Object Technology*, *13*(3), 4:1.

Enterprise Search:

Zentrales Element im ISO 9001-gerechten Umgang mit dem Wissen der Organisation

Werner Schachner

interface projects GmbH

werner.schachner@intergator-austria.at

Der vorliegende Beitrag basiert auf dem im Nachgang zu den WIMA-Tagen 2016 in Krems erstellten, gleichnamigen White-Paper von Dr. Werner Schachner.

Die neue DIN EN ISO 9001:2015 fordert erstmals explizit einen entsprechenden Umgang mit dem „Wissen der Organisation". Die Normanforderungen beziehen sich dabei auf jenes Wissen, welches für die Durchführung der Prozesse der Organisation sowie für die Sicherstellung der Konformität der Produkte und Dienstleistungen der Organisation notwendig ist. Enterprise Search zählt zu den zentralen Elementen im normgerechten Umgang mit dem Wissen der Organisation.

1 Die DIN EN ISO 9001:2015-Anforderungen an den Umgang mit Wissen

Die neue DIN EN ISO 9001:2015 fordert erstmals explizit und zwingend einen entsprechenden Umgang mit dem „Wissen der Organisation". Die Normanforderungen in Kapitel 7.1.6 beziehen sich dabei auf jenes Wissen, welches für die Durchführung der Prozesse der Organisation sowie für die Sicherstellung der Konformität der Produkte und Dienstleistungen der Organisation notwendig ist.

> „Wissen ist die Summe jener handlungs- und entscheidungsrelevanten Informationen, Fertigkeiten und Erfahrungen, welche MitarbeiterInnen im Rahmen der Durchführung ihrer Arbeitsprozesse zur Lösung von Aufgaben/Herausforderungen/Problemen zur Anwendung bringen.
>
> Im Umgang mit den in Unternehmen digital vorhandenen, handlungs- und entscheidungsrelevanten Informationen wird unternehmensweite und systemübergreifende Suche künftig DIE zentrale Rolle einnehmen." [Schachner]

In der ISO 9001:2015 wird zwar die Einführung von Wissensmanagement als Managementdisziplin nicht gefordert, der Vergleich der konkreten Normanforderungen mit gängigen Wissensmanagement-Modellen zeigt jedoch, dass die Anforderungen der Norm einen Großteil der Elemente eines umfassenden Wissensmanagements abdecken.

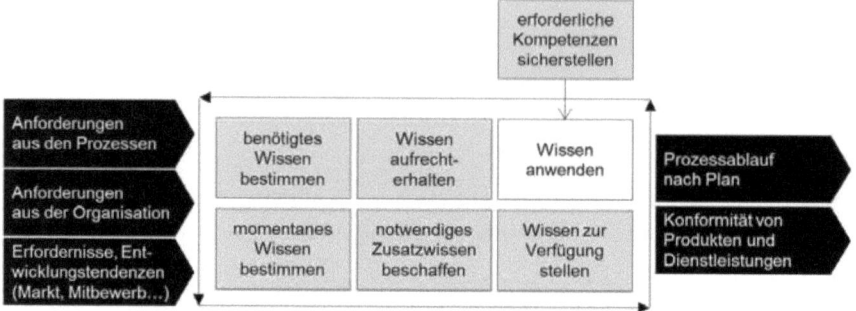

Abbildung 1: Die Anforderungen der ISO 9001:2015 an den Umgang mit dem Wissen der Organisation (vgl. Schachner 2015)

Abbildung 1 zeigt die Kernanforderungen der ISO 9001:2015 an den Umgang mit Wissen. Explizit gefordert werden die Bestimmung von benötigtem und vorhandenem Wissen, die Beschaffung nötigen Zusatzwissens, die Zurverfügungstellung von Wissen sowie die Aufrechterhaltung von Wissen. Die Anwendung/Nutzung von Wissen wird in Kapitel 7.1.6 („Wissen der Organisation") zwar nicht ausdrücklich gefordert, im ISO 9001-Kapitel 7.2 wird jedoch die Sicherstellung der für das Unternehmen erforderlichen Kompetenzen auf MitarbeiterInnen-Seite verlangt (Kompetenz ist dabei die Fähigkeit, Wissen und Fertigkeiten in einem bestimmten Fachkontext den jeweils zugrundeliegenden Anforderungen entsprechend anzuwenden und damit selbständig und eigenverantwortlich beabsichtigte Ergebnisse zu erzielen.). Damit beziehen sich die Normanforderungen zum Umgang mit Wissen auf beinahe sämtliche Elemente des in der Praxis weit verbreiteten Modells der Wissensbausteine nach Probst (Ökonom und Professor für Unternehmungsorganisation an der Universität Genf), welches folgende acht Bausteine umfasst (vgl. Probst 2006):

- Wissensidentifikation
- Wissenserwerb
- Wissensentwicklung
- Wissensverteilung
- Wissensnutzung
- Wissensbewahrung
- Wissensbewertung
- Wissensziele

Lediglich das Setzen von Zielen im Umgang mit dem Wissen der Organisation wird in der ISO 9001:2015 im Abgleich mit dem Modell der Wissensbausteine nach Probst nicht direkt gefordert.

2 Wissen mittels Enterprise Search normgerecht erschließen

Am Beispiel der wichtigsten Eigenschaften/Features von intergator, der Enterprise Search-Lösung der interface projects GmbH, wird ersichtlich, welch hohes Potenzial Enterprise Search-Lösungen für den ISO 9001-konformen Umgang mit dem Wissen der Organisation besitzen:

7. *Konnektoren & Konverter:* Mithilfe spezieller Konnektoren lassen sich sämtliche der in den Geschäftsprozessen etablierten Systeme und Datenquellen im Unternehmen an die Enterprise Search-Lösung anbinden. Vielzählige Konverter ermöglichen es, dass jegliche Dateitypen aus allen angebundenen Quellen erkannt, indexiert und verarbeitet werden können. So werden den MitarbeiterInnen bei ihrer Suche nach Information und Wissen sämtliche (digital vorhandenen) handlungs- und entscheidungsrelevanten Informationen lückenlos auf einer einzigen Oberfläche präsentiert.

   Der möglichst lückenlose, einfache und rasche Zugang zu relevanten Informationen zählt jedenfalls zu einer der Kernanforderungen im normgerechten Umgang mit dem Wissen der Organisation.

8. *Ranking:* Spezielle Ranking-Verfahren (Metadatenranking, Kategorienranking, Userprofil-abhängiges Ranking, User-Action-Ranking etc.) stellen sicher, dass jene Informationen, welche jeweils die höchste Handlungs- und Entscheidungsrelevanz besitzen, auch bei den Suchtreffern an erster Stelle zu finden sind.

   Früher lag im Umgang mit dem Wissen einer Organisation die große Herausforderung darin, Zugang zu den handlungs- und entscheidungsrelevanten Informationen zu erhalten. Heute zählt es zu den zentralen Herausforderungen im Wissensmanagement, in der Fülle an zugänglichen Informationen jene rasch zu erkennen und „on-top" zu präsentieren, welche für die jeweilige Person in der jeweiligen Handlungs- und Entscheidungssituation Relevanz besitzen.

9. *Anbindung externer Quellen:* Durch die gezielte Anbindung externer Datenquellen (Kunden, Partner, Markt) wird es möglich, von extern benötigtes Wissen in die eigene Wissenslandschaft zu integrieren. Wissen von extern kann in Folge gemeinsam mit intern vorhandenem Wissen verarbeitet und genutzt werden. So trägt Enterprise Search im Sinne der ISO 9001 dazu bei, notwendiges Zusatzwissen zu beschaffen.

Kernpotenzial von Enterprise Search am Beispiel intergator zur Erfüllung der Anforderungen der ISO 9001:2015 an den Umgang mit dem Wissen der Organisation	Anforderungen der ISO 9001:2015 an den Umgang mit dem Wissen der Organisation					
	nötiges Wissen bestimmen	momentanes Wissen bestimmen	nötiges Zusatzwissen beschaffen	Wissen zur Verfügung stellen	Wissen anwenden/nutzen	Wissen aufrecht-erhalten
1.) Zugriff auf sämtliche Datenquellen und Daten im Unternehmen - 100 selbst entwickelte Konnektoren - mehr als 500 Konverter				■		
2.) Rankingmechanismus	■					
3.) Gezielte Anbindung externer Datenquellen			■	■		
4.) Präsentation von Informationen in einheitlichen, neuen Strukturen und Kategorien (z. B. prozess- oder rollenbezogen) - Facetten, Perspektiven	■			■		
5.) Management Cockpit - Analytics-Funktionalitäten - Auswertung von Logdateien		■	■			
6.) Content Management				■		■
7.) Dashboards					■	■
8.) Koordinierter Einsatz mehrerer intergator-Instanzen				■		
9.) Web 2.0-Elemente und Kollaborationselemente			■	■		
10.) Innovative Wissensdarstellung und Navigation				■	■	
11.) Expert Finder			■			

Abbildung 2: 11 Kernpotenziale von intergator zur Unterstützung des ISO 9001-gerechten Umgangs mit dem Wissen der Organisation

10. *Facetten-Filter:* Während bei Enterprise Search-Lösungen wie intergator die Originaldateien in ihren Ursprungsquellen verbleiben, werden die Datei-Inhalte auf Indexebene zusammengeführt, analysiert, aufbereitet und in einheitlichen, neuen Strukturen und Kategorien präsentiert. Dies funktioniert unabhängig davon, ob den verschiedenen Ursprungsdatenquellen einheitliche oder unterschiedliche Strukturen und Kategorien zugrunde liegen. Im Unternehmen etablierte Prozesse und Prozessschritte lassen sich

dabei ebenso gut als „neue" Navigationselemente oder Facetten nutzen wie definierte Rollen oder Kernkompetenz-Themen. So wird es MitarbeiterInnen z. B. möglich, mit nur wenigen Klicks sämtliche für eine Rolle in einem erfolgskritischen Prozessschritt nötigen Informationen auszufiltern und diese unmittelbar zu nutzen.

11. *Analytics-Funktionalität:* Auf Basis ausgeklügelter Analytics-Funktionalitäten sowie der Auswertung verschiedenster Logdateien lässt sich einfach darstellen (Charts), welche Prozesse/Prozessschritte, Kernkompetenz-Themen etc. umfassend mit Wissen hinterlegt sind und wo es weiteren Bedarf zum Wissensaufbau und/oder zur Wissensbeschaffung gibt.

    Damit ist es möglich – wie in der ISO 9001:2015 gefordert – das aktuell vorhandene Wissen zu bestimmen und „Wissenslücken" (zusätzlich nötiges Wissen) rasch zu erkennen.

12. *Dashboards:* Mit hochpersonalisierbaren Dashboards wird eine Enterprise Search-Lösung zum „Co-Worker und intelligenten Assistenten": Integriert in den Arbeitsprozess liefern z. B. rollen-, prozess- oder unternehmensbereichs-bezogene Dashboards handlungs- und entscheidungsrelevante Informationen „am laufenden Band" und auf dem stets aktuellsten Stand.

    Dass einzelne Dashboards auch nur für einzelne Nutzer oder Nutzergruppen freigeschalten werden können und für diese auch unterschiedliche Rechte am Dashboard vergeben werden können, ermöglicht eine noch zielgenauere Informations- und Wissensverteilung.

13. *Content Management:* Die Enterprise Search-Lösung intergator besitzt ein leichtgewichtiges Content Management, in welchem sich neues Wissen direkt erfassen und dokumentieren lässt. Die Enterprise Search-Lösung wird dabei selbst zur Datenquelle. Im Content Management neu abgelegtes Wissen wird unmittelbar in sämtliche Suchanfragen mit eingebunden.

14. *Ausfallsicherheit:* Der koordinierte Einsatz mehrerer Enterprise Search-Instanzen sorgt auch bei großen Unternehmen und enormen Datenmengen für Ausfallsicherheit, Verfügbarkeit und für eine entsprechende Skalierung in der Informations-/Wissensbereitstellung.

    Damit trägt die Enterprise Search-Lösung dazu bei, Wissen durchgängig zur Verfügung zu stellen und aufrecht zu erhalten.

15. *Web 2.0-Funktionalität:* Verschiedenste Web 2.0-Elemente (Tagging, Bookmarks, Sharing) und Kollaborationselemente ermöglichen es, vorhandenes Wissen mit persönlichen Notizen anzureichern und dieses mit anderen Nutzern zu teilen.

Damit wird per Enterprise Search ein klarer Beitrag zur Aufrechterhaltung (im Sinne von Aktualität) und Weiterentwicklung von vorhandenem Wissen geleistet.

16. *Wissensdarstellung:* Innovative Formen der Wissensdarstellung und der Navigation (wie der navigierbare Hyperbolic Tree in intergator) erlauben es, auch besonders tiefe und wenig oder nicht bekannte Datenstrukturen zu durchsuchen und zu nutzen.

17. *Expert Finder:* Eine Expertenerkennung unterstützt dabei, im Unternehmen vorhandene Experten zu bestimmten Themen auf Basis einer Analyse der digital vorhandenen Informationen rasch identifizieren und kontaktieren zu können.

Damit leistet eine Enterprise Search-Lösung einen wesentlichen Beitrag dazu, raschen Zugang zu implizitem Wissen bzw. zu den richtigen Wissensträgern im Unternehmen zu erhalten.

3 Fazit

Wie unter Punkt 1. Bereits vermerkt, werden unternehmensweite und systemübergreifende Suchlösungen DIE zentrale Rolle im Umgang mit digital vorhandenen, handlungs- und entscheidungsrelevanten Informationen übernehmen.

Damit Enterprise Search-Lösungen letztlich auch ihre volle Wirkung entfalten können, ist der Prozess der Einführung derartiger Lösungen auf kommunikativer Ebene entsprechend zu begleiten. Den MitarbeiterInnen muss darüber hinaus genügend Zeit und die nötige Unterstützung gewährt werden, damit sich diese den durch Enterprise Search hervorgerufenen Änderungen und Vorteilen im Umgang mit Informationen und Wissen klarwerden. Unternehmen müssen dazu intern die Aufmerksamkeit auf den bewussten Umgang mit dem Wissen der Organisation lenken (vgl. Crenze/Daoud 2016).

4 Literatur

Crenze U., Daoud E.: Wir leben in einer Zeit, in der Wandel die Normalität ist; in: Wissensmanagement – Das Magazin für Führungskräfte 8/2016, S. 21

Probst et. al: Wissen managen, 5. überarbeitete Auflage, Gabler Verlag, 2006, S. 25 ff.

ÖNORM EN ISO 9001, Ausgabe 2015-11-15, Kapitel 7.1.6 und Kapitel 7.2

Schachner W.: Wissen der Organisation, in Koubek A. Hrsg.: Praxisbuch ISO 9001:2015, Hanser Verlag München 2015, S.127 ff.

Die Absorptionsfähigkeit von Technologie-Start-ups

Karin Sommer

Österreichische Forschungsförderungsgesellschaft mbH

karin.sommer@ffg.at

1 Die Absorptionsfähigkeit von Technologie-Start-ups

Technologie-Start-ups sind bei der Umsetzung ihrer Produktinnovationen auf Wissen aus der Umwelt angewiesen, das sie durch die Absorptionsfähigkeit ins Unternehmen aufnehmen, verarbeiten, transformieren und nutzen können. H. Yli- Renko et al. begründen dies folgendermaßen: „Given that resource limitations of younger firms make them prone to liabilities of newness and adolescence, they increasingly depend on external knowledge sources" (Yli-Renko, Autio, 2001, S. 587). Im Artikel werden die Prozessdimensionen der Absorptionsfähigkeit und deren Einflussfaktoren in Technologie-Start-ups anhand von Auszügen von Ergebnissen einer theoriegeleiteten qualitativen Studie, die im Rahmen einer Dissertation (Sommer, 2013) im Fach Informationswirtschaft auf der Wirtschaftsuniversität Wien erarbeitet wurden, vorgestellt.

1.1 Hintergrund des Konzepts der Absorptionsfähigkeit

Das Konzept der Absorptionsfähigkeit von Unternehmen wurde von W. Cohen und D. Levinthal im Beitrag „Innovation and Learning: The two faces of R&D" erstmals der Wissenschaftsgemeinschaft vorgestellt (Cohen & Levinthal, 1989). Die Absorptionsfähigkeit von Unternehmen wird von den Autoren als organisationale Fähigkeit beschrieben, die das Erkennen von relevantem Wissen in der Umwelt, die Aufnahme ins Unternehmen, die Verarbeitung und die kommerzielle Verwertung beschreibt.

Das Konzept wurde auf Gedanken des ressourcenbasierten Ansatzes sowie dessen Weiterentwicklung, dem wissensbasierten Ansatz, aufgebaut. Im wissensbasierten Ansatz leistet die Ressource Wissen den relevantesten Beitrag für die Wettbewerbsfähigkeit von Unternehmen. Das Konzept wurde innerhalb der Erforschung von innovativen Unternehmen entwickelt. Das bedeutet, dass es auf die Innovativität bzw. Innovationskraft von Unternehmen ausgerichtet wurde. Neben Einflüssen aus dem ressourcenbasierten Ansatz und der Innovationsforschung können weitere Wurzeln des Konzepts in der organisationalen Lerntheorie der 1980er Jahre ausgemacht werden (Volberda, Foss, & Lyles, 2010). Cohen und Levinthal definieren auf Basis dieser Untersuchungen die Absorptionsfähigkeit als wegabhängiges Konstrukt. Wegabhängigkeit bedeutet hierbei, dass Entwicklungsmöglichkeiten aus der Vergangenheit determiniert werden (Schuster, 2006, S. 76ff.). Das bedeutet, dass die Erfahrungen, die die Mitglieder einer Organisation als auch die gesamte Organisation gemacht haben, bestimmend sind für die Fähigkeit zur Absorption von externem Wissen. Für die Absorption von Wissen ist deshalb die Wissensbasis der kritische Moment, weil sie hauptverantwortlich dafür ist, ob Wissen von außerhalb des Unternehmens als wertvoll erfasst und damit in Folge aufgenommen und verarbeitet werden kann (Cohen & Levinthal, 1990). Cohen und Levinthal argumentieren, dass ein Unternehmen umso einfacher spezifisches Wissen aufnehmen kann, umso mehr Bezug von der organisationalen Wissensbasis zu dem aufzunehmenden neuen Wissen besteht (prior related knowledge). Das Konzept der *prior related knowledge* umfasst die Ähnlichkeit dieser Wissensinhalte. Diese These gründet sich auf die Kognitionsforschung. Vertreter wie G. Bower und E. Hilgard (1981) haben in Studien veranschaulicht, dass: „memory development is self-reinforcing in that the more objects, patterns and concepts that are stored in memory, the more readily is new information about these constructs acquired and the more facile is the individual in using them in new settings" (Bower & Hilgard, 1981). Die Wissensbasis ist gleichzeitig eine Voraussetzung für die Absorptionsfähigkeit, als auch ein Produkt dieser. Die Fähigkeit zur Aufnahme von externem Wissen wird von der vorhandenen Wissensbasis und der organisationalen Lernfähigkeit beeinflusst. Im Gegenzug modifiziert und erweitert sich die Wissensbasis von Unternehmen mit der Aufnahme, Verarbeitung und Nutzung von Wissen. Damit wird organisationales Lernen durch die Aufnahme von Wissen ins Unternehmen ermöglicht.

Nach Cohen und Levinthal haben verschiedene Autoren das Konzept aus unterschiedlichen Perspektiven wie dem fähigkeitsbasierten Ansatz oder der organisationalen Lerntheorie weiterentwickelt. Zur weiteren Vertiefung seien beispielsweise S. Zahra und G. George (2002), Lichtenthaler (2009) oder Volberda, Foss & Lyles (2010) angeführt.

1.2 Prozessschritte der Absorptionsfähigkeit

In der Untersuchung von Technologie-Start-ups wurde auf Basis einer theoriegeleiteten qualitativen Studie folgendes Modell für die Prozessdimensionen der Absorptionsfähigkeit vorgeschlagen:

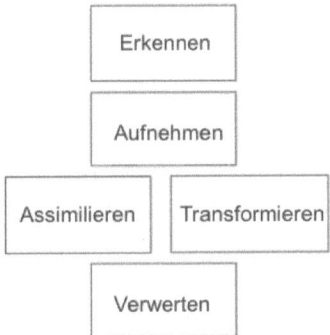

Abbildung 1: Prozessdimensionen der Absorptionsfähigkeit
(Quelle: Sommer 2013: 295)

Die Prozessdimensionen der Absorptionsfähigkeit können in fünf Schritte unterteilt werden: Erkennen, Aufnehmen, Assimilieren, Transformieren und Verwerten.

- Das Erkennen von relevantem Wissen kann als die Realisierung der Verwertungschance von Wissen aus der Umwelt aufgefasst werden; dieses umfasst auch die Entdeckung des Wissens und die Bewertung in Bezug auf organisationalen Ziele.

- Als Aufnehmen von Wissen können Handlungen, Maßnahmen und Prozesse auf allen Ebenen in der Organisation aufgefasst, die nach der Erkennung von Wissen die Integration dieses Wissens in die Organisation einleiten.

- Als Assimilation von Wissen können Handlungen, Maßnahmen und Prozesse auf allen Ebenen in der Organisation aufgefasst werden, die dazu dienen, das aufgenommene Wissen zu analysieren, zu verarbeiten, zu speichern und im Unternehmen in Umlauf zu bringen.

- Als Transformation von Wissen können Handlungen, Maßnahmen und Prozesse auf allen Ebenen der Organisation aufgefasst werden, die dazu dienen das aufgenommene Wissen und die organisationale Wissensbasis einander anzupassen.

- Als Verwertung bzw. Nutzung von Wissen können alle Ergebnisse, die im Sinne der organisationalen Ziele sind, aufgefasst werden, die aus der Anwendung von externem Wissen hervorgehen, darunter fallen sowohl kommerzielle Ergebnisse sowie Wissensergebnisse.

Das Erkennen von relevantem Wissen aus der Umwelt stellt einen kritischen Faktor dar, weshalb eine klare Unterscheidung der Dimensionen Erkennen und Aufnehmen für die Beschreibung der Absorptionsfähigkeit in Technologie-Start-ups relevant ist. Insbesondere in der Vorgründungsphase und der Gründungsphase, wo die Fähigkeit zur Absorption maßgeblich von der individuellen

Wissensbasis der beteiligten Personen abhängig ist, können große Defizite im Erkennen von relevantem Wissen aus der Umwelt festgestellt werden.

Die Dimensionen „Assimilieren" und „Transformieren" wurden in der Darstellung der Prozessdimensionen der Absorptionsfähigkeit von Technologie-Start-ups nebeneinander gesetzt, um zu verdeutlichen, dass es abhängig vom Wissen und dessen Bezug zur Wissensbasis entweder zum einen oder zum anderen Schritt kommt. Bei der Assimilierung von Wissen erfolgt die Verarbeitung, ohne dass die Wissensbasis an das zu verarbeitende Wissen angepasst werden muss. Die Transformation von Wissen geht mit einer Veränderung der Wissensbasis einher; es erfordert demnach Anpassungen auf den verschiedenen Ebenen der Organisation und äußert sich oftmals in der Umgestaltung von Prozesse.

2 Einflussfaktoren auf die Absorptionsfähigkeit in Technologie-Start-ups

Die Entwicklung der Absorptionsfähigkeit verläuft wegabhängig. Die Erfahrungen, die in der organisationalen Wissensbasis gespeichert wurden, bestimmen die Entwicklung der Dimensionen der Absorptionsfähigkeit (Eisenhardt & Martin, 2000, S. 1114). Als Grundlage für die Entwicklung dieser dynamischen Fähigkeit können Lernprozesse identifiziert werden.

Neben der Wissensbasis als zentraler Einflussgröße wurden interne und externe Stimuli, Lernmechanismen und Mechanismen der Wissensintegration als Einflussgrößen auf die Absorptionsfähigkeit von Technologie-Startups identifiziert, wobei ein Auszug aus den Ergebnissen der Studie, in der auf Basis der theoretischen Auseinandersetzung sowohl Start-up Berater als auch Gründer und Mitarbeiter von Start-ups in Experteninterviews befragt wurden, vorgestellt wird (Sommer, 2013).

2.1 Wissensbasis

Dadurch, dass die Fähigkeit, relevantes Wissen aus der Umwelt zu erkennen, dieses aufzunehmen, zu verarbeiten und zu verwerten, wegabhängig ist, ist sie maßgeblich von der vorhandenen Wissensbasis im Unternehmen abhängig.

Um relevantes Wissen zu erkennen, müssen das Unternehmen und seine Mitglieder die Fähigkeit besitzen, relevantes von irrelevantem Wissen zu unterscheiden. Das bedeutet, dass das Wissen, das bereits im Unternehmen vorhanden ist, die Fähigkeit des Erkennens von relevantem Wissen beeinflusst (Todorova & Durisin, 2007, S.777). Die Wissensbasis von Technologie-Startups stellt einen entscheidenden Wahrnehmungs- und Selektionsfilter auf individueller als auch auf Teamebene dar. Im Gegensatz zu etablierten Unternehmen wird bei Technologie-Start-ups insbesondere in den Anfangsphasen der Unternehmensentwicklung die Absorptionsfähigkeit von den individuellen Wissensbeständen der Beteiligten beeinflusst. Hierbei kristallisieren sich die Ausbildung, die Berufserfahrung und die dominante Logik der Beteiligten als entscheidende Einflussfaktoren in der Untersuchung heraus. Die individuellen Wissensbestände wirken sich neben der Erkennung und Aufnahme von Wissen darauf aus, wie Wissen in der Organisation verarbeitet und verwertet wird. Da die Fähigkeit zur Absorption von Wissen stark auf der individuellen Ebene verankert ist, haben sich in der Studie neben diesen Faktoren psychologische Faktoren, wie die Fähigkeit zur Reflexion, als entscheidende Einflussgrößen für die Absorptionsfähigkeit in jungen Unternehmen herausgestellt.

In Bezug zu der Dimension Erkennen von relevantem Wissen hat sich in der Vorgründungsphase und der Gründungsphase im Großteil der untersuchten Fälle ein Defizit in den Bereichen Markt und Kunden dargestellt. Dieses Defizit kann auf der individuellen Ebene identifiziert werden und beruht auf der Ausbildung und dem beruflichen Werdegang der Gründer. In den Fällen, in denen Gründer eine technische Ausbildung haben und auf keine bzw. wenig Berufserfahrung bauen, wurden in der Vorgründungsphase bzw. der Gründungsphase wenig bis gar keine Informationen von potentiellen Kunden in die Weiterentwicklung des Produktkonzepts aufgenommen. Durch das Nicht- Erkennen von Informationsdefiziten, konnten keine relevanten Informationen in diesen Bereichen in die Unternehmen aufgenommen werden. Ein Berater beschreibt dies als Fehlen von Suchrastern und drückt es wie folgt aus:

„Das ist in der Frühphase ein massives Problem. Und was das Wissensmanagement anbelangt, glaube ich, bei Technologie Start Ups, wo die Gründer noch nicht in der Privatwirtschaft tätig waren, sondern eher eine Unikarriere bisher hatten, die wissen oft gar nicht, was sie nicht wissen. Und deswegen fehlen ihnen auch die Suchraster." (Sommer, 2013, S. 220)

2.2 Interne und externe Auslöser

In Bezug auf interne Auslöser, die die Dimensionen der Absorptionsfähigkeit in Technologie-Start-ups stimulieren, wurden in der Studie folgende Ausprägungen identifiziert: Psychologische Faktoren, Ressourcen und Krisen. Im Hinblick auf psychologische Faktoren konnten die Ausprägungen Hoffnung, Unsicherheit und Fähigkeit zur Reflexion identifiziert werden.

Folgende externe Faktoren wurden identifiziert: Finanzmittelgeber, Kunden und dynamische Umwelt. Unter Finanzmittelgeber wurden Inhalte zu Investoren und Fördereinrichtungen eingeordnet. Unter dynamische Umwelt wurden Inhalte zur Marktsituation und zum Wettbewerb eingeordnet.

Das Risiko, das mit der Gründung eines Technologie-Start-ups einhergeht zeichnet sich ebenso wie die Unsicherheit, die mit allen Prozessen der Entscheidungsfindung in den jungen Unternehmen verbunden ist, auf individueller Ebene und Teamebene ab. Obgleich sich die Bewältigungsstrategien in den einzelnen Fällen unterschiedlich ausprägen, können auf der individuellen Ebene ähnliche psychologische Faktoren identifiziert werden. Hoffnung spiegelt sich insbesondere in den Anfangsphasen der Unternehmensentwicklung in der Einstellung der Gründer wieder, die an die technologische Idee glauben und ihren Gründungsgedanken darauf aufbauen. Der Glaube an das Produkt und das Gelingen der Umsetzung lässt als treibende Kraft äußere Widerstände in Form von Zweifel überwinden, äußert sich jedoch auch in einer selektiven Wahrnehmung und Interpretation von Außeneinflüssen und beeinflusst damit sowohl die Erkennung, die Aufnahme und die Verarbeitung von Wissen. Insbesondere im Hinblick auf die Interpretation von Kundenfeedback hat sich in den erhobenen Fällen ein Interpretationsfilter abgezeichnet, der die Aufnahme von relevantem Wissen verhinderte. Ein Berater drückt es wie folgt aus: *„Das heißt, die Hoffnung ist bei diesen Menschen doch vom Prinzip her schon sehr stark ausgeprägt."* *„wenn man jetzt eine Hoffnung in sich trägt, interpretiert man diese Signale, die man irgendwie verändern kann, eher in Richtung, dass sich die Hoffnung erfüllt."* Aus Interviewdaten mit Beratern geht hervor, dass die Fähigkeit zur Selbstreflexion ein wichtiger Faktor für die Aufnahme von relevantem Wissen in das Unternehmen darstellt. Aus dem Datenmaterial lässt sich jedoch ableiten, dass dies oftmals erst in den späteren Phasen der Unternehmensentwicklung erfolgt. *„Und das ist auch ein Bestandteil eines erfolgreichen Teams, einem erfolgreichen Gründer, zu erkennen, wo die eigenen Schwächen sind, wo sind die eigenen Stärken und dann eventuell Ressourcen und Personen zu finden, die diese Schwächen dann wieder abrunden."* (Sommer, 2013, S. 236)

Der Anstoß zur Einschätzung der eigenen Stärken und Schwächen wurde in den untersuchten Fällen zumeist von Erlebnissen bzw. Begegnungen stimuliert. Innerhalb der Organisation konnten dazu Krisen als ausschlaggebend identifiziert werden. Krisen äußern sich in den erhobenen Fällen vor allem in Form von finanziellen Engpässen, fehlender Marktakzeptanz und fehlgeschlagener Zielerreichung im Hinblick auf definierte Meilensteine mit Finanzmittelgebern. Krisen können sowohl auf individueller Ebene als auch Teamebene zu einer Transformation der dominanten Logik führen und beeinflussen psychologische Faktoren als auch Mechanismen der Sozialisation, Koordination und Systematisierung. Im Hinblick auf die Veränderung der dominanten Logik von einer Technik-Orientierung hin zu einer Marktorientierung hat in vier der erhobenen Fälle das Ausbleiben von Kundenakzeptanz dazu geführt, dass eine neue Iteration in der Produktentwicklung eingeleitet wurde. Im Hinblick auf die Absorptionsfähigkeit konnten dabei sowohl in Bezug auf das Erkennen und die Aufnahme als auch in Bezug auf die Verarbeitung eine Veränderung nach der Krise erkannt werden. Bei der Erkennung und der Aufnahme von relevantem Wissen wurde in diesen Fällen Informationen von Kunden und Marktteilnehmern mehr Gewichtung in der Organisation beigemessen. Die Inhalte wurden in einem Transformationsprozess in die bestehende Wissensbasis insofern eingearbeitet, als dass die Produktentwicklung verändert wurde. In einem Fall wurden nach der Krisensituation die Produktentwicklungszyklen verkürzt, um zeitnäher von Kunden Feedback einholen zu können.

Neben finanziellen Krisen und dem Nicht-Erreichen von definierten Meilensteinen wurde der Bereich Mitarbeiter als potentieller Stimulus für Veränderungen in der Organisation identifiziert. Herausforderungen im Bereich Mitarbeiter können in drei Bereiche geteilt werden. Erstens die Aufnahme von neuen Mitarbeitern, zweitens das Ausscheiden von Mitarbeitern und drittens die Veränderung der Mitarbeiteranzahl über eine kritische Anzahl von 6-8 Personen. Die Aufnahme von neuen Mitarbeitern kann die organisationale Wissensbasis bereichern und beeinflusst insbesondere in den Anfangsphasen der Unternehmensgründung die Kultur im Unternehmen. In den Anfangsphasen lässt sich erkennen, dass Mitarbeiter jedoch nicht optimal ausgewählt werden. Gründe dafür können in der fehlenden Erfahrung, in unkonkreten Rollenbeschreibungen und der Gründungslogik identifiziert werden, die dazu führt, dass Mitarbeiter nach gleichen Wertmustern anstatt nach Kompetenzen ins Unternehmen aufgenommen werden. Ein Berater drückt dies wie folgt aus:

„Eigentlich müsste man sich nur einen halben Tag im Google schlau machen, dann würde man schon etwas dazu finden. Aber wie gesagt, weil sie es auch nicht wissen, dass es etwas Besonderes ist, einen Vertriebsmitarbeiter einzustellen, schauen sie auch gar nicht nach; das fehlt wieder. Sie wissen gar nicht, nach was sie suchen sollen." (Sommer, 2013, S. 239f)

Als kritische externe Auslöser für die Entwicklung der Absorptionsfähigkeit konnten die Bereiche Kunden, Finanzmittelgeber und dynamische Umwelt identifiziert werden. Kunden erweisen sich insbesondere in der Anfangsphase und der Entwicklungsphase als wichtige Impulsgeber für das Erkennen, Aufnehme und Verarbeiten von Wissen. Investoren liefern ebenso wichtige Impulse für die Absorptionsfähigkeit. Sowohl Fördermittelgeber als auch Investoren und Banken definieren Ziele und Meilensteine mit den Start-ups, deren Einhaltung für einen Transfer von Finanzmitteln vorausgesetzt wird. Die Erreichung bzw. Nicht-Erreichung dieser Ziele steigert die Sensibilität von Gründern und Ansporn zum Einhalten von Zielen, und damit Anstoß zur Einführung von Systematisierung, was Absorptionsfähigkeit im Hinblick auf die Verarbeitung von Wissen beeinflusst. Berater drücken ihre Bedenken im Hinblick auf die Wiener Förderstruktur jedoch dahingehend aus, dass in der Anfangsphase zumeist Forschung und Entwicklung gefördert wird, womit ein Bezug zu potentiellen Kunden nicht stimuliert wird. Ein Berater äußert dies wie folgt:

"Teilweise sind Förderungen kontraproduktiv, weil Start-ups der Druck fehlt. Du hast bei sehr wenigen Förderungen als wirklich beinharte Ziele schon in der Frühphase, Kunden oder Kundenakquirierungen oder das Produkt verkaufen. Investoren sind etwas anderes, die sagen: okay, raus damit, ich will es sehen, ob es verkauft wird." (Sommer, 2013, S. 243)

2.3 Mechanismen der Sozialisation, Systematisierung und Koordination

Als weitere Einflussfaktoren auf die Fähigkeit zur Absorption von Wissen können Mechanismen der Sozialisation, der Koordination und Systematisierung identifiziert werden.

- Unter Mechanismen der Sozialisation können Maßnahmen, Prozesse und Handlungen auf allen Ebenen der Organisation (Individuum, Team, Organisation) aufgefasst werden, die ein gemeinsames Verständnis und einen gemeinsamen Blick auf die Welt der Organisationsmitglieder fördern (beispielsweise die Ausprägungen Kultur in Unternehmen oder gemeinsame Ziele).

- Unter Mechanismen der Koordination können Maßnahmen, Prozesse und Handlungen auf allen Ebenen der Organisation aufgefasst werden, die die Koordination von Wissen im Unternehmen begünstigen (beispielsweise die Ausprägungen Kanalisierung von Wissen und Partizipation).

- Unter Mechanismen der Systematisierung können Maßnahmen, Prozesse und Handlungen aufgefasst werden, die die Systematisierung von Wissen im Unternehmen begünstigen (beispielsweise die Ausprägungen Rollenverteilung und Verantwortungsbereiche im Unternehmen).

Im Hinblick auf Mechanismen der Sozialisation legt insbesondere die gelebte Kultur in den Anfangsphasen der Unternehmensentwicklung eine Basis für die Entwicklung aller Dimensionen der Absorptionsfähigkeit der Organisation. Durch die Schaffung eines vertrauensvollen Umgangs und einer offenen Kultur, in der direkte Kommunikation und Offenheit forciert wird, wird das gemeinsame Erleben der Organisationsmitglieder geprägt. Durch den gemeinsamen Erlebnishorizont und die Schaffung einer Vertrauensbasis in der Organisation kann dazu beigetragen werden, dass die Mitglieder der Organisation ihr persönliches Wissen und ihre individuellen Fähigkeiten in die Organisation einbringen. Eine Veränderung im Hinblick auf die Kultur lässt sich mit dem Ansteigen der Mitarbeiteranzahl und der Ausdifferenzierung von Rollen und Verantwortungsbereichen in den Unternehmen erkennen. Was in den Anfangsphasen positiv von den Beteiligten als *familiär* und *kollegial* bezeichnet wurde, muss ab einer kritischen Anzahl von Mitarbeitern, der Kanalisierung von Information und der Einführung von Strukturen *professioneller* gestaltet werden. Die Schaffung von mehr Struktur im Unternehmen wurde von allen Interviewpartnern als Herausforderung bezeichnet, die sich auch in einer Veränderung der Unternehmenskultur widerspiegelt. Die klare Definition von gemeinsamen Zielen konnte als entscheidende Einflussgröße im Umgang mit diesen Herausforderungen identifiziert werden. Im Hinblick auf die Erkennung von relevantem Wissen konnte beispielsweise ein Unterschied zwischen den Fällen erkannt werden, die in der Anfangsphase als Ziel „Die Umsetzung der Produktinnovation" und den Fällen, die in der Anfangsphase als Ziel „Den wirtschaftlichen Erfolg des Unternehmens" festgelegt hatten. In den Unternehmen, in denen das Ziel „Umsetzung der Produktinnovation" als Leitmotiv bei den Gründern und Mitarbeitern identifiziert wurde, war die Technikorientierung stärker ausgeprägt als die Marktorientierung, was einen Einfluss auf die Identifizierung und Bewertung von relevantem Wissen hat. Die Zieldefinition erweist sich jedoch nicht nur in der Ausrichtung der Unternehmen, sondern auch auf niedrigeren Ebenen im täglichen Umgang mit Information als entscheidend. Im Hinblick auf die Aufnahme von Wissen wurde mehrmals erwähnt, dass es konkreter Fragestellungen bedarf, um systematisch Wissen ins Unternehmen aufnehmen zu können, das im weiteren effizient verarbeitet werden kann und nutzbringend eingesetzt wird.

Im Hinblick auf die Mechanismen der Koordination konnten die Ausprägungen Kanalisierung von Wissen und Partizipation identifiziert werden. Mit der steigenden Anzahl von Mitarbeitern erfolgen eine Ausdifferenzierung der Rollenbilder, der Verantwortungsbereiche und gleichermaßen ein Explizieren von Aufgabenbereichen. In allen beschriebenen Fällen wurde die Einführung einer Kanalisierung von Information als Herausforderung beschrieben. Das äußert sich in den erhobenen Fällen darin, dass das Gründungsteam mit einer Unsicherheit in Bezug auf die Weitergabe von Informationen an die Mitarbeiter konfrontiert ist. Ein Gründer beschreibt es wie folgt:

„Man weiß oft nicht als Geschäftsführung, was man an Information weiter geben kann oder soll. Gerade im Hinblick auf die Finanzen." (Sommer, 2013, S. 265)

Im Hinblick auf Mechanismen der Systematisierung konnten die Ausprägungen Rollenverteilung und Verantwortungsbereiche identifiziert werden. Die Schaffung von klaren Verantwortungsbereichen und die Zuweisung von Aufgabenbereichen helfen jungen Unternehmen, sich in einer dynamischen Umwelt zu behaupten. Klare Rollenabgrenzungen und abgesteckte Verantwortungsbereiche können sich förderlich auf den Diskurs in den Unternehmen äußern, der die Erkennung und Aufnahme von relevantem Wissen fördern kann.

In den Anfangsphasen besteht ein Defizit im Hinblick auf die Gestaltung von Mechanismen der Systematisierung. Die Verantwortungsbereiche und Rollen werden im Laufe der Unternehmensentwicklung stärker explizit gemacht. Das bringt insbesondere Vorteile, wenn neue Mitarbeiter ins Unternehmen eintreten. In Bezug auf die Absorptionsfähigkeit ist erkennbar, dass sich klare Aufgabenabgrenzungen und klar abgegrenzte Verantwortungsbereiche auf die Verarbeitung von Wissen förderlich in dem Sinne auswirken, als dass Prozesse der Verarbeitung schneller vollzogen werden. Die Assimilation von Wissen wird dadurch gefördert.

3 Literatur

Bower, G. H. & Hilgard, E. R. (1981). Theories of Learning. Englewood Cliffs, NJ: Prentice-Hall.

Cohen, W. M. & Levinthal, D. A. (1990). Absorptive Capacity: A New Perspective on Learning and Innovation. Administrative Science Quarterly, 35: 128-152.

Eisenhardt, K. M. & Martin, J. A. (2000). Dynamic Capabilities: What are they? Strategic Management Journal, 21 (10/11): 1105-1121.

Lichtenthaler, U. (2009). Absorptive Capacity, Environmental Turbulence, and the compelnetarity of organizational learning processes. Acadamy of Management, 52 (4): 822-846.

Sommer, K. (2013). Die Absorptionsfähigkeit von Technologie Startups. Südwestdeutscher Verlag für Hochschulschriften.

Todorova, G. & Durisin, B. (2007). Absorptive Capacity: Valuing A Reconceptualization. Academy of Management Review, 32 (3): 774-786.

Volberda, H. W., Foss, N. J., & Lyles, M. A. (2010). Absorbing the Concept of Absorptive Capacity: How To Realize Its Potential in the Organization Field. Organization Science, 21 (4): 931-954.

Yli-Renko, H., Autio, E., & Sapienza, H. J.-. (2001). Social Capital, Knowledge Acquisition, and Knowledge Exploitation in young technology-based firms. Strategic Management Journal, 22: 587-613.

Zahra, S. A. & George, G. (2002). Absorptive Capacity: A review, reconceptualization, and extension. Academy of Management Review, 27 (2): 185-203.

Über die Autoren

Pia Burchhart

Pia Burchhart hat das interdisziplinäre Informatikmanagement Studium 2007 an der Uni Wien und TU Wien abgeschlossen. Seit 2008 ist sie bei Austrian Power Grid im IT Bereich tätig, zu ihren Aufgabenbereichen zählen: das klassische Projektmanagement, Anforderungsanalyse, Projektbegleitung, Dokumentation, Erstellung von diversen Tests (Abnahme, Performance), Qualitätssicherung, Erstellung und Planung von IT Schulungen (z.B. Im Rahmen eines Rollout) Prozessmanagement und Wissensmanagement. Sie sieht sich selbst als Bindeglied zwischen Anwendern und Entwicklern.

Sebastian Dennerlein

Mag. rer. nat. Sebastian Dennerlein ist stellvertretender Teamleiter des Social Computing Teams der Know-Center GmbH. Seine Dissertation und Forschungsinteresse gilt dem Verständnis der sozio-kognitiven Prozesse der Bedeutungsaushandlung in technischen Systemen, um entsprechende Unterstützungsmechanismen für effektive Kollaboration zu ermöglichen. Er trägt damit zum EU-IP Learning Layers bei, welches sich mit der Skalierung von Technologien für informelles Lernen in KMUs auseinandersetzt.

Eva Goldgruber

Eva Goldgruber, BEd MA ist wissenschaftliche Mitarbeiterin und Lehrende am Institut Journalismus und PR an der FH JOANNEUM. Studium Informations- und Kommunikationspädagogik (PH Steiermark) sowie Angewandtes Wissensmanagement (FH Burgenland). Sie beschäftigt sich mit Online Kommunikation und Kollaboration & Web Literacies und arbeitet in (Forschungs)Projekten in diesen und ähnlichen Gebieten. Davor war sie als Projektmitarbeiterin und Lernprozessmoderatorin bei nowa Training.Beratung.Projektmanagement tätig.

Robert Gutounig

Mag. Dr. Robert Gutounig ist Lehrender und wissenschaftlicher Mitarbeiter an den Departments Medien & Design und Angewandte Informatik der FH Joanneum in Graz. Promotion an der Uni Graz zum Thema Wissensprozesse in digitalen Netzwerkstrukturen. Mitarbeit bei Forschungsprojekten zu digitalen Medien und Content-Strategie. Zuvor In-Service Trainee bei der Europäischen Kommission, Projektmanager für Neue Medien bei der Steirischen Wirtschaftsförderung – SFG und Country Manager bei der Design Crowdsourcing Plattform Brandsupply. Mitarbeit bei Forschungsprojekten zu digitalen Medien und Content-Strategie.

Werner Herzog

Mag. Werner Herzog (Jahrgang 1957), Absolvent der Johannes Kepler Universität Linz, Fachrichtung Betriebs- und Verwaltungsinformatik.

Sales- und Systems-Engineer bei einem internationalen I/T Konzern im Bereich der I/T und Software Entwicklung, mit Spezialisierung auf Datenbank-, Collaboration- und Content Management Systeme. In den letzten Jahren Fokussierung auf Big Data Anwendungen und Big Data Entwicklung. Consultant im Bereich Knowledge-Based Systems.

Anabela Horta

Mag.a Anabela Horta (Jahrgang 1966) ist Referatsleiterin Strategische Personalentwicklung und Wissensmanagement in der Magistratsdirektion – Geschäftsbereich Personal und Revision, Gruppe Verwaltungsakademie und Personalentwicklung. Sie arbeitet seit über 16 Jahren für Wien. Seit 4 Jahren beschäftigt sich intensiv mit Wissensmanagement und war Mitglied des Strategie- und Pilotprojekt-Team. Seit Oktober 2015 koordiniert sie das magistratsweite Wissensmanagement. Sie erarbeitet weiters magistratsweitgültige Standards in der Personalentwicklung und strategische Konzepte. Gemeinsam mit einer Kollegin bildet sie seit 2005 Personalentwicklerinnen aus, die in den Dienststellen der Stadt Wien tätig sind.

Daniel Juling

Dipl.-Ing. (FH) Daniel Juling (Jahrgang 1969) überträgt die Wissenschaft des Nichtwissens auf die Praxis der Geschäftswelt. Durch seine Perspektivenvielfalt als Maschinenbauingenieur, Manager, Vertriebler und Systemtheoretiker entstehen neue Ansätze im Umgang mit einer immer komplexer und schneller werdenden Welt. Seine interdisziplinäre Herangehensweise wird von Unternehmen genutzt, um selbst- und evolutionsorganisierte Strukturen aufzubauen, die zuvor unbekannte, aber willkommene Lösungen hervorbringen.

Alina Judith Klug

Alina Judith Klug ist seit 2014 Head of Process Optimization bei Merck. Ihre Gruppe bietet firmenintern Beratungsleistungen wie Wissenstransfer, Arbeitswirtschaft und Prozessgestaltung an. Die Einsatzgebiete reichen von der Produktion bis zur Administration. Sie ist Diplomingenieurin und begann ihre

Laufbahn zunächst als Supplier Quality Manager. 2009 wechselte Sie zur Merck KGaA und leitete technische Ausschreibungen. Anschließend verantwortete sie das Stichprobensystem für technische Dienstleistungen.

Gerd Kosar

Dipl.-Ing. Gerd Kosar (Jahrgang 1985) studierte Metallurgie an der Montanuniversität Leoben (2006 – 2013) und war von 2013 bis 2014 als Projektmitarbeiter am Institut für Werkstoffkunde und Schweißtechnik an der Technischen Universität Graz tätig. Er ist seit 2014 als Projektmitarbeiter am Lehrstuhl für Wirtschafts- und Betriebswissenschaften an der Montanuniversität Leoben und beschäftigt sich im Rahmen seiner Dissertation mit Computerized Maintenance Management Systemen (CMMS).

Benedikt Lutz

Dr. habil. Benedikt Lutz ist studierter Linguist, war lange in einem Software-Entwicklungsbereich von Siemens tätig und ist seit einigen Jahren auf der Donau-Universität Krems für 4-semestrige MSc- und MBA-Studiengänge im Umfeld Wissensmanagement, Qualitätsmanagement und Integrierte Managementsysteme zuständig. Sein Spezialgebiet ist die verständliche Wissenskommunikation, siehe https://bitly.com/1SvHt8M.

Isabella Mader

Isabella Mader MSc (Jahrgang 1969) ist Vorstand des Excellence Institutes. Sie ist Lehrbeauftragte an mehreren Hochschulen mit den Schwerpunkten Wissens- und Informationsmanagement, IT-Strategie und Kollaboration und begleitet seit vielen Jahren Organisationen in diesen Fachbereichen. Zu diesen Themen liegen auch zahlreiche Buch- und Konferenzpublikationen von ihr vor, wie auch das dem hier vorgestellten Projekt zugrundeliegende Vorgehensmodell InfoMap. 2013 erhielt sie die Auszeichnung „Top CIO des Jahres". Ihre aktuellen Arbeitsschwerpunkte sind Kollaboration, Partizipationsverfahren und Netzwerke.

Gerald Martinetz

Gerald Martinetz ist Mindbreeze Enthusiast und verantwortet den Vertrieb für den Bereich Insight Engine bei Mindbreeze. Mindbreeze zählt zu den Top-Unternehmen im Bereich Enterprise Search, Insight Engine und Big Data. Gerald Martinetz ist seit 1998 in der Fabasoft Gruppe.

Astrid Menzl

Astrid Menzl ist Business Development Manager und Consultant bei der PDAgroup. Ihr Beratungsschwerpunkt liegt auf Innovationsmanagement und der digitalen Transformation von Unternehmen. Das Angebot der PDAgroup besteht aus Consulting, Recruiting, Training & Coaching, mit den Kernkompetenzen Vertrieb, Marketing, Channel Management, Innovation, Strategieentwicklung und Personal. Hierdurch werden Unternehmen aus dem Mittelstand bis hin zu internationalen Channel-Organisationen unterstützt, um in der Zukunft erfolgreicher zu sein. Bei Interesse für Design Thinking Workshops, Moderation und Projektbegleitung kontaktieren Sie PDAgroup unter office@pdagroup.net oder schauen Sie auf www.pdagroup.net vorbei.

Angelika Mittelmann

Dipl.-Ing. Dr. Angelika Mittelmann studierte Informatik und promovierte zum Doktor der technischen Wissenschaften. Sie ist Mitarbeiterin der voestalpine seit 1982 in unterschiedlichen Funktionen (Systemprogrammierung, strategische Informationssystemplanung, Softwareentwicklungsprojekte). Seit mehr als zehn Jahre arbeitet sie in der Organisationsentwicklung (u.a. Projektleitung „Wissensmanagement", aktuell Begleitung von Wissenstransfer- und Change Prozessen) und ist nebenberufliche Lehrbeauftragte an einigen Fachhochschulen mit Schwerpunkt Wissensmanagement. Ihr umfangreiches praktisches Methodenwissen hat sie im „Werkzeugkasten Wissensmanagement" zur Verfügung gestellt.

Klaus North

Prof. Dr.-Ing. Klaus North lehrt Internationale Unternehmensführung an der Wiesbaden Business School, Hochschule RheinMain. Er entwickelt zusammen mit Organisationen anwendungsorientierte Konzepte zur wissensorientierten Unternehmensführung. Prof. North hat eine Vielzahl von Publikationen u.a. folgende Bücher zum Thema veröffentlicht, die in mehrere Sprachen übersetzt wurden:„Wissensorientierte Unternehmensführung" (6. Auflage Springer Gabler 2016), „Produktive Wissensarbeit(er)" (mit Stefan Güldenberg, Gabler 2008), Wissensmanagement für Qualitätsmanager (mit Andreas Brandner und Thomas Steininger, Springer Gabler 2016) und „Kompetenzmanagement in der Praxis" (mit Kai Reinhardt und Barbara Sieber-Suter , 2. Auflage Springer Gabler 2013).

Stefan Oppl

Stefan Oppl ist Assistenzprofessor am Institut für Wirtschaftsinformatik – Communications Engineering an der Johannes Kepler Universität Linz. Er forscht an der Entwicklung von Methoden und Technologien zur Unterstützung von Wissensartikulation und –abstimmung in kollaborativen Arbeitsprozessen. In diesem Rahmen koordiniert er aktuell die von der EU geförderten Industrie- und Bildungskooperation IANES und FARAW.

Werner Schachner

Dr. Werner Schachner ist Country Manager Österreich der interface projects GmbH. Er ist seit über 15 Jahren im Themenbereich des softwaregestützten Wissensmanagements sowie in der Management- und Organisationsentwicklung tätig (Business Excellence, ganzheitliche Unternehmensqualität, Erfolgsdiagnostik). Darüber hinaus ist er Lehrbeauftragter zu den Themen Wissensmanagement, Enterprise Search und Business Excellence an der Donau-Universität Krems. In dem im September 2015 erschienenen „Praxisbuch ISO 9001:2015: Die neuen Anforderungen verstehen und umsetzen (DQS, Quality Austria, SQS)" zeichnet er für das Kapitel „Wissen der Organisation" verantwortlich.

Stefan Schweiger

Mag. rer. nat. Stefan Schweiger ist Datenanalyst bei Bongfish GmbH. Studium der Psychologie an der Uni Graz. Sein Forschungsinteresse gilt dem Verständnis sozio-kognitiver Prozesse bei der Meinungsbildung mittels technischer Systeme. Dabei identifiziert er technische und kognitive Mechanismen, welche verzerrte Meinungsbildung bedingen. Er schreibt seine Dissertation in Zusammenarbeit mit dem Leibniz-Institut für Wissensmedien und der Universität Tallinn.

Karin Sommer

Dr. Karin Sommer studierte Soziologie in Wien, absolvierte ihren MBA an der Donau Universität Krems mit einem Trimester Aufenthalt an der Sauder School of Business in Vancouver, BC – Schwerpunkt Produktentwicklung. Im Rahmen Ihres Doktorats an der Wirtschaftsuniversität Wien im Fach Informationswissenschaft spezialisierte Sie sich weiter im Bereich Entrepreneurship und Innovation im Kontext des Wissensmanagements. Sie hat mehrere Jahre in und mit Start-ups gearbeitet und ist momentan in der Forschungsförderungsgesellschaft mbH mit einem Fokus auf die Verbesserung von öffentlichen Verwaltungsprozessen beschäftigt.